中国国家留学基金管理委员会指定来华留学生基础汉语教材

天天汉语

读写（1）

TIANTIAN HANYU　DUXIE（1）

丛书主编　韩志刚　董　杰
本册主编　董　杰

天津大学出版社
TIANJIN UNIVERSITY PRESS

图书在版编目(CIP)数据

天天汉语. 读写. 1 / 董杰主编. —天津: 天津大学出版社，2015.10

中国国家留学基金管理委员会指定来华留学生基础汉语教材 / 韩志刚，董杰主编

ISBN 978-7-5618-5447-1

Ⅰ.①天… Ⅱ.①董… Ⅲ.①汉语－阅读教学－对外汉语教学－教材②汉语－写作－对外汉语教学－教材 Ⅳ.①H195.4

中国版本图书馆CIP数据核字(2015)第259803号

出版发行	天津大学出版社
地　　址	天津市卫津路92号天津大学内(邮编:300072)
电　　话	发行部:022-27403647
网　　址	publish.tju.edu.cn
印　　刷	天津市泰宇印务有限公司
经　　销	全国各地新华书店
开　　本	210mm×285mm
印　　张	10
字　　数	332千
版　　次	2015年12月第1版
印　　次	2018年6月第2次
定　　价	45.00元

前　　言

本套教材是中国国家留学基金管理委员会指定的来华留学生预科教育专用基础汉语教材，也可供以学习基础汉语、报考HSK（汉语水平考试）为目的的各类来华人员使用。

中国政府奖学金本科来华留学生预科教育自2005年起开始试行，近十年来，各预科教育院校所用的基础汉语教材并不统一，其中罕有完全适合预科教育培养目标的教材，因此设计编写一套为预科教育培养目标服务的专用教材就显得非常必要。随着预科教育事业的不断发展，教育部国际合作与交流司和国家留学基金管理委员会致力于推动预科教育培养标准的规范化、科学化工作，逐步确定和完善预科教学大纲和考试大纲，这为预科教育专用教材的设计编写提供了重要依据。

为了服务预科教育总体培养目标、加强预科专用教材建设、推动预科教育事业的发展，2013年天津大学国际教育学院决定组织力量编写一套针对性强的预科教育基础汉语专用教材。自2013年春季始，我们集中学院优秀师资，以多年从事预科教育的汉语教师为主体组成编写团队，精心设计编写，反复修改打磨，经过三年的努力，工作终见成效。

本套教材包括读写和口语两个系列，共五册，其中读写教材为主干，分为三册。读写教材遵循以结构为纲、兼顾功能和话题的原则，语法点、词汇的选择以预科基础汉语教学大纲及新HSK考试大纲为主要依据，语言知识讲解以直观、简要、易懂为原则，严格控制词语的级别，追求科学性；课文内容贴近日常生活，兼顾实用性和趣味性。

本书为读写第一册，全书共16课，包括问候语、课堂用语、礼貌用语、问姓名、问国籍、问年龄、问家庭、购物、看望病人、谈论方位等十多个汉语交际的基本话题。本书包含了汉语初级入门所需的汉语语音基础知识、语法基础知识、280多个汉语基本词语以及汉字书写的基本知识。每课包括生词表、课文、语言文化知识、练习四大部分。生词除拼音、词性、英文释义以外，还配有常见搭配实例；课文配有相应插图，拼音在上，文字在下，拼音部分以词为单位分写；语言文化知识，尽量直观示意，辅以简要讲解，并配以实例；练习包括多种形式，语音练习注重与语义相结合，习题难度注重循序渐进，部分题型采用了新 HSK 形式。本书适合零起点来华留学生使用，学完后可以达到新 HSK 一级合格水平。

本书第一、二课由韩志刚老师编写，第三、四课由董杰老师编写，第五至八课由张丽媛老师编写，第九至十二课由李琳老师编写，第十三课由韩志刚、董杰两位老师编写，第十四至十六课由张潆文老师编写。本册英文翻译工作由王子君、张丽媛、尹晓静三位老师完成。

真诚期待使用本书的老师和学习者提出宝贵意见，以便我们进一步修改完善。

编者

2015 年 10 月

于天津大学

目　录

dì yī kè
第一课

Nǐ hǎo
你好

shēngcí
生 词 New Words

1	你	nǐ	代	you(singular)	
2	好	hǎo	形	good,fine,nice	你好
3	们	men		(used behind a pronoun or noun, meaning plural people)	你们好
4	您	nín	代	you(polite,singular)	您好

kèwén
课 文 Text

Nǐ hǎo
(一)你 好

Nǐ hǎo !
A：你 好 ！

Nǐ hǎo !
B：你 好 ！

Nín hǎo
（二）您 好

Nǐmen hǎo ！
A：你 们 好 ！

Nín hǎo ！
B：您 好 ！

yǔyīn
语 音 Phonetics

yīnjié
一、音 节 Syllable

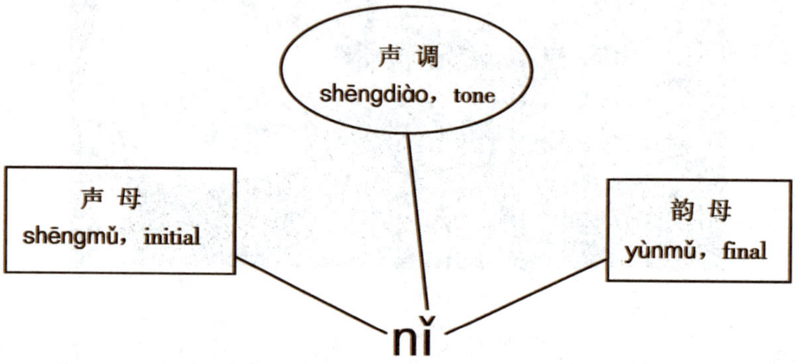

汉语的大多数音节由声母、韵母和声调三部分组成。

A Chinese syllable is usually composed of an initial, a final and a tone.

shēngmǔ
二、声 母 Initials（1）

b p m f
d t n l
g k h

yùnmǔ
三、韵 母 Finals（1）

ɑ o e i u ü
ɑi ei ɑo ou in en

shēngdiào
四、声　调　Tones

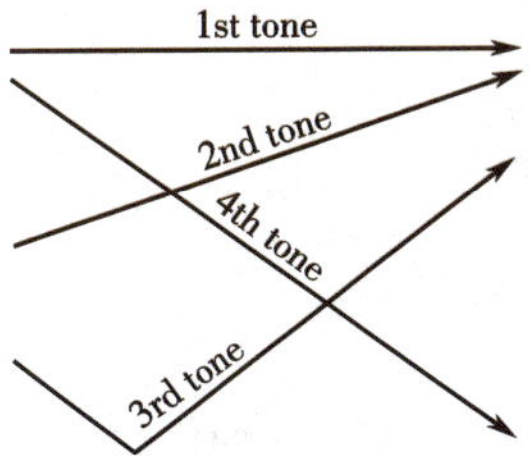

汉语的基本声调有四个：第一声、第二声、第三声、第四声。声调不同，音节的意思就不同。

There are four basic tones in Chinese: the first tone, the second tone, the third tone and the fourth tone. Syllables with same initials and finals but in different tones usually have different meanings.

第一声	ā	ō	ē	ī	ū	ǖ	āi	ēi	āo	ōu	īn	ēn
第二声	á	ó	é	í	ú	ǘ	ái	éi	áo	óu	ín	én
第三声	ǎ	ǒ	ě	ǐ	ǔ	ǚ	ǎi	ěi	ǎo	ǒu	ǐn	ěn
第四声	à	ò	è	ì	ù	ǜ	ài	èi	ào	òu	ìn	èn

shēngmǔ, yùnmǔ, shēngdiào de pīnhé
五、声　母、韵　母、声　调　的　拼　合　Spelling of the Initial, Final and Tone

b—ā—bā	b—á—bá	b—ǎ—bǎ	b—à—bà
d—ā—dā	d—á—dá	d—ǎ—dǎ	d—à—dà
n—ī—nī	n—í—ní	n—ǐ—nǐ	n—ì—nì
h—āo—hāo	h—áo—háo	h—ǎo—hǎo	h—ào—hào

注意：i，u，ü 自成音节时，分别写成 yi，wu，yu。

Note : i, u and ü may form independent syllables. In writing they are respectively yi, wu and yu.

liànxí
练　习　Exercises

一、拼合练习　Spelling Drills

ba	bo	bi	bu	bai	bao
ma	mo	mi	mu	mai	mao

fa	fo	fen	fu	fei	fou
ha	he	hei	hu	hai	hao

二、声调练习 Tone Discrimination

mā	má	mǎ	mà
hū	hú	hǔ	hù
lēi	léi	lěi	lèi
bāi	bái	bǎi	bài
nī	ní	nǐ	nì
hāo	háo	hǎo	hào
mēn	mén	měn	mèn

三、辨别声母 Initial Discrimination

bà—pà	bó—pó	bǎo—pǎo	bǐ—pǐ
dí—tí	dǎ—tǎ	dòu—tòu	dāi—tāi
gě—kě	gāi—kāi	gǎo—pǎo	gòu—kòu
nà—là	nǔ—lǔ	nǎo—lǎo	nǐ—lǐ

四、辨别声调 Tone Discrimination

mǎi—mài	kǒu—kòu	dá—dà	lū—lú	pǐ—pí
bēi—bèi	gǎo—gào	hái—hài	kē—kè	fá—fà

五、认读词语 Read and Learn

báimǎ	hěn dà	hěn hǎo	nǐ hǎo	nín hǎo
nǐmen hǎo	wǒ yǒu	wǒ yào	wǔ hào	

六、听写拼音 Dictation with Pinyin

听写本课声母、韵母、音节。

七、写一写 Write the Characters

一（yī，one）　二（èr，two）　三（sān，three）　四（sì，four）
五（wǔ，five）　六（liù，six）　七（qī，seven）　八（bā，eight）
九（jiǔ，nine）　十（shí，ten）　大（dà，big）　白（bái，white）
女（nǚ，female）　马（mǎ，horse）

一 二 三 四 五 六 七 八 九 十 大 白 女 马

一	一	一			二	二	二		
三	三	三			四	四	四		
五	五	五			六	六	六		
七	七	七			八	八	八		
九	九	九			十	十	十		
大	大	大			白	白	白		
女	女	女			马	马	马		

dì èr kè

第二课

Nǐ máng ma

你忙吗

shēngcí

生 词 New Words

1	忙	máng	形	busy	
2	吗	ma	助	(a particle used at the end of a question)	你忙吗
3	我	wǒ	代	I; me	我们
4	很	hěn	副	very	我很忙
5	妈妈	māma	名	mom	妈妈好吗
6	她	tā	代	she	她忙吗
7	不	bù	副	no, not	我不忙
8	饿	è	形	hungry	我很饿，我不饿
9	爸爸	bàba	名	dad	爸爸很好
10	他	tā	代	he	他很忙

kèwén
课 文 Text

Nǐ máng ma
(一)你 忙 吗

Nǐ máng ma ?
A: 你 忙 吗 ?

Wǒ hěn máng .
B: 我 很 忙 。

Nǐ māma máng ma ?
A: 你 妈妈 忙 吗 ?

Tā bù máng .
B: 她 不 忙 。

Wǒ bú è
(二)我 不 饿

Nǐ è ma ?
A: 你 饿 吗 ?

Wǒ bú è . Nǐ è ma ?
B: 我 不 饿 。你 饿 吗 ?

Wǒ hěn è .
A: 我 很 饿 。

yǔyīn
语 音 Phonetics

shēngmǔ
一、声 母 Initials(2)

z c s

zh ch sh r

yùnmǔ
二、韵 母 Finals(2)

an ang eng ong

ua uo uai ui(uei)

uan uang un(uen) ueng

三、轻声 The Neutral Tone
qīngshēng

bàba　māma　gēge　dìdi　mèimei　nǐmen

mántou　bāozi　bízi　dùzi　zhuōzi　yǐzi

四、“不”的变调 Modulations of “不”
“bù” de biàndiào

bù chī　bù hē　bù tīng　bù shuō

bù máng　bù nán　bù bái　bù lái

bù hǎo　bù lěng　bù chǒu　bù dǒng

bú pà　bú qù　bú huì　bú dòng

语法 Grammar
yǔfǎ

一、“吗”字是非问句 “Yes-no” Question with “吗”
“ma” zì shìfēi wènjù

Nǐ hǎo ma Nǐ hǎo ma ?
你 好 + 吗 —— 你 好 吗 ？

[You fine *ma*] —— Are you fine ?

Nǐ máng ma Nǐ máng ma ?
你 忙 + 吗 —— 你 忙 吗 ？

[You busy *ma*] —— Are you busy ?

二、形容词谓语句 Adjective Predicate Sentence
xíngróngcí wèiyǔ jù

1. 肯定式（kěndìngshì，affirmative form）

主语（zhǔyǔ，subject）+ **谓语**（wèiyǔ，predicate）

Bàba hěn máng .
爸爸 很 忙 。（Father is busy.）

[father very busy]

Wǒ hěn hǎo .
我 很 好 。（I am fine.）

[I very fine]

2. 否定式（fǒudìngshì，negative form）

主语（zhǔyǔ，subject）+ 谓语（wèiyǔ，predicate）

Wǒ 我	bù 不	máng 忙	. 。（I am not busy.）
[I	not	busy]	
Tā 他	bú 不	è 饿	. 。（He is not hungry.）
[he	not	hungry]	

liànxí
练 习 Exercises

一、拼合练习 Spelling Drills

zan	zang	zeng	zong	zun
can	cang	ceng	cong	cun
san	sang	seng	song	sun
zhan	zhang	zheng	zhong	zhun
chan	chang	cheng	chong	chun
shan	shang	sheng	shong	shun
ran	rang	reng	rong	run

二、声调练习 Tone Discrimination

zān	zán	zǎn	zàn
cōng	cóng	cǒng	còng
sūn	sún	sǔn	sùn
zhōng	zhóng	zhǒng	zhòng
chuān	chuán	chuǎn	chuàn
shuāng	shuáng	shuǎng	shuàng
ruī	ruí	ruǐ	ruì

三、辨别声母 Initial Discrimination

zuān—zhuān	zǎn—zhǎn	zuì—zhuì
zǒng—zhǒng	zǎo—zhǎo	
cān—chān	cén—chén	cuī—chuī
cáng—cháng	cǎo—chǎo	
sài—shài	sǎn—shǎn	suō—shuō
sè—shè	sǎo—shǎo	

四、辨别声调 Tone Discrimination

shá—shǎ	rén—rěn	zhēn—zhèn
chuán—chuǎn	shuí—shuǐ	rǎng—ràng
zāi—zài	shéng—shèng	zhǒng—zhòng
cún—cùn	suō—suǒ	zháo—zhào
zū—zú	cǎi—cài	suī—suí

五、轻声练习 Neutral Tone Drills

duì ma	huì ma	kùn ma	lèi ma	è ma
lěng ma	téng ma			
duì le	huì le	kùn le	lèi le	è le
lěng le	téng le			
cūnzi	sūnzi	sǎozi	wǎnshang	
wǎngshang	zhège	rènshi		

六、认读词语 Read and Learn

chī fàn	chàng gē	shuā kǎ	tóuténg	tōnghóng
shuōhuà	shān shang	shuǐtǒng	xuésheng	Zhōngguó
rēngdiào	chéng fàn	shèngfàn	sòng lǐ	cuō zǎo
sàipǎo	cāngtiān	cūnzhuāng	shēnghuó	Ruìdiǎn

七、听写对话 Dictation of Dialogues

根据本课内容，老师说简单对话，学生用拼音听写。

The teacher will give some simple dialogues according to the content of this lesson. Please take a dictation with pinyin.

八、写一写 Write the Characters

不 我 他 她 很 忙 妈 爸 您 吗

不	不	不			我	我	我		
他	他	他			她	她	她		
很	很	很			忙	忙	忙		
妈	妈	妈			爸	爸	爸		
您	您	您			吗	吗	吗		

dì sān kè

第三课

Xièxie

谢谢

shēngcí

生 词 New Words

1	谢谢	xièxie	动	thank you	
2	不客气	bú kèqi		you're welcome	
3	对不起	duìbuqǐ		sorry	
4	没关系	méi guānxi		never mind	

kèwén

课 文 Text

Xièxie

(一)谢 谢

Xièxie !

A: 谢 谢 !

Bú kèqi

B: 不 客 气 。

Duìbuqǐ.
A：对不起。

Méi guānxi.
B：没关系。

shēngcí
生词 New Words

5	请	qǐng	动	please	
6	进	jìn	动	to enter	请进
7	坐	zuò	动	to sit	请坐
8	上课	shàng kè		to have class	
9	同学	tóngxué	名	classmate	同学们好
10	老师	lǎoshī	名	teacher	老师好
11	下课	xià kè		to finish class	
12	再见	zàijiàn	动	bye	
13	听	tīng	动	to listen	请听
14	说	shuō	动	to speak	请说
15	读	dú	动	to read	请读
16	写	xiě	动	to write	请写
17	看	kàn	动	to look	请看

kèwén
课 文 Text

Shàng kè
（二）上 课

Lǎoshī hǎo !
A：老 师 好 ！

Nǐ hǎo ! Qǐng jìn , qǐng zuò .
B：你 好 ！请 进 ，请 坐 。

Xièxie !
A：谢 谢 ！

Tóngxuémen hǎo ! Shàng kè .
B：同 学 们 好 ！ 上 课 。

Xià kè .
下 课 。

Lǎoshī zàijiàn !
A：老 师 再 见 ！

yǔyīn
语 音 Phonetics

shēngmǔ
一、声 母 Initials(3)

j q x

yùnmǔ
二、韵 母 Finals(3)

ia	ie	iao	iu(iou)
ian	iang	ing	iong
üe	üan	ün	

lián dú biàndiào
三、连 读 变 调 Modulations of Tones

nǐ+hǎo—ní hǎo	shǒu+biǎo—shóubiǎo	měi+mǎn—méimǎn
xǐ+zǎo—xí zǎo	xǐ+liǎn—xí liǎn	qǐ+diǎn—qídiǎn
zhǎn+lǎn—zhánlǎn	wǔ+bǎi—wúbǎi	

注意：两个第三声连读时，前一个第三声实际发音变为第二声。

Note: When a third tone is immediately followed by another third tone, the former is pronounced as the second tone.

四、拼写规则 Spelling Rules

pīnxiě guīzé

ü 在 j，q，x 后面时，要写成 u，但发音还是 ü。

When ü is put after j,q,and x, it is written as u, but still pronounced as ü.

j—ü—ju　　q—ü—qu　　x—üe—xue

j—ün—jun　　q—üan—quan　　x—üan—xuan

练习 Exercises

liànxí

一、拼合练习 Spelling Drills

jia	jiao	jie	jiu	ju	juan	jun
qia	qiao	qie	qiu	qu	quan	qun
xia	xiao	xie	xiu	xu	xuan	xun

二、辨别发音 Syllable Discrimination

jì—zhì	jiǎo—zhǎo	jiàn—zhàn
jiū—zhōu	jiǎng—zhǎng	
qī—chī	qián—chán	qiú—chóu
qiǎ—chǎ	qiàng—chàng	
xí—shí	xiǎo—shǎo	xiù—shòu
xiè—shè	xiāng—shāng	

三、辨别声母 Initial Discrimination

jù—zhù	juǎn—zhuǎn	jūn—zhūn
qù—chù	quǎn—chuǎn	qūn—chūn

xù—shù　　xuǎn—shuǎn　　xùn—shùn

四、变调练习　Discrimination of Modulations of Tones

xiǎojiě	liǎojiě	yǔfǎ	měihǎo
chǎngzhǎng	wǔdǎo	shǒubiǎo	
wǔbǎi měiyuán		yǒngyuǎn yǒuhǎo	

五、认读词语　Read and Learn

jièshào	jiàoshòu	jiànkāng	quēdiǎn
quánmiàn	xǐhuān	xiàohua	xiāohuà
xíguàn	qǐ chuáng	jīchǎng	xiāngjiāo
xiàozhǎng	qiáoliáng	xiǎoshuō	qiézi
xǔyuàn	érqiě	jiānghé	jiǎnglì

六、完成对话　Complete the Following Dialogues

A：Nǐ hǎo!　　B：______________!

A：Tóngxuémen hǎo!　　B：______________!

A：______________.　　B：Méi guānxi.

A：______________.　　B：Bú kèqi.

七、课堂活动　Classroom Activities

用“我说你做、你说我做”的方式操练“听、说、读、写、看”五个词语。

Practice the words of “听、说、读、写、看”by the exercise of “ I do what you say, and you do what I say”.

八、写一写　Write the Characters

上　下　课　听　说　读　写　同　学　请

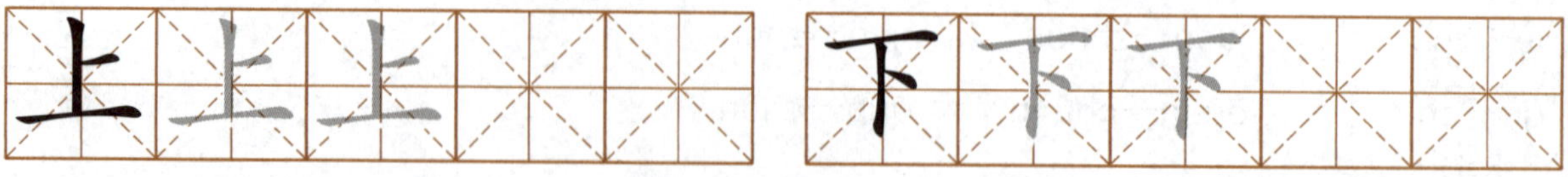

课	课	课			听	听	听		
说	说	说			读	读	读		
写	写	写			同	同	同		
学	学	学			请	请	请		

dì sì kè
第四课

Nǐ qù nǎr
你去哪儿

shēngcí
生 词 New Words

1	去	qù	动	to go	
2	哪儿	nǎr	代	where	你去哪儿
3	饭馆儿	fànguǎnr	名	restaurant	我去饭馆儿
4	吃	chī	动	to eat	你吃吗
5	饭	fàn	名	meal	吃饭
6	食堂	shítáng	名	dining hall	去食堂

kèwén
课 文 Text

Nǐ qù nǎr
(一)你 去 哪 儿

Nǐ qù nǎr ?
A: 你 去 哪 儿 ?

Wǒ qù fànguǎnr chī fàn, nǐ qù bu qù?
B: 我去饭馆儿吃饭，你去不去？

Wǒ bú qù, wǒ qù shítáng. Zàijiàn!
A: 我不去，我去食堂。再见！

Zàijiàn!
B: 再见！

shēngcí
生词 New Words

7	今天	jīntiān	名	today	
8	天	tiān	名	day	
9	星期	xīngqī	名	week	
10	几	jǐ	代	how many; what day	今天星期几
11	星期日	xīngqīrì	名	Sunday	今天星期日
12	星期天	xīngqītiān	名	Sunday	今天星期天
13	学习	xuéxí	动	to study	
14	汉语	Hànyǔ	名	Chinese	我学习汉语
15	昨天	zuótiān	名	yesterday	昨天星期几
16	明天	míngtiān	名	tomorrow	明天星期日

kèwén
课 文 Text

Jīntiān xīngqī jǐ
(二)今 天 星 期 几

Jīntiān xīngqī jǐ ?
A：今 天 星 期 几 ？

Jīntiān xīngqīèr (yī, sān, sì, wǔ, liù, tiān).
B：今 天 星 期 二(一、三、四、五、六、天)。

Nǐ xuéxí hànyǔ ma ?
A：你 学 习 汉 语 吗 ？

Duì .
B：对 。

yǔyīn
语 音 Phonetics

yùnmǔ
一、韵 母 Finals(4)

er

érqiě　érzi　ěrduo　érshí　shí'ér

érhuàyùn
二、儿 化 韵 Retroflex Final

huàhuàr	dāobàr	hàomǎr	xiǎoháir
yíxiàr	tūtóur	yānzuǐr	suǒyǎnr
xiǎogǒur	hǎowánr	dòuyár	gànhuór

"yī" de biàndiào
三、"一" 的 变 调 Modulations of "一"

yì tiān	yì zhāng	yì gēn	yì zhī
yì nián	yì máo	yì tái	yì hé
yì bǎ	yì wǎn	yì liǎn	yì kǒu
yí gè	yí jiàn	yí dìng	yí gòng

"一"后面的音节是第一声、第二声、第三声时，"一"读成"yì"；后面的音节是第四声时，

"一"读成"yí"。

If "一" is followed by syllables in the first, second, or third tones, "一" is pronounced as "yì". If "一" is followed by syllables in the fourth tone, it is pronounced as "yí".

liànxí 练 习 Exercises

一、辨音辨调 Discrimination of Syllables and Tones

èrshí—érshí　　shí'ér—shí'èr　　ěrdòng—értóng

érqiě—ěrduo　　dà ěrduo—māo ěrduo

二、儿化韵练习 Retroflex Final Drills

yǒushìr　　méishìr　　méizhǔnr

huángdòuyár　　qù fànguǎnr　　zhēn hǎowánr

shénme shìr　　shénme wèir　　xiǎo shūzhuōr

shǒujī hàomǎr　　xuésheng míngdānr

三、变调练习 Discrimination of Modulations of Tones

一 bǎ sǎn　　一 jīn miàn　　一 bēi shuǐ　　一 wǎn fàn

一 kuài qián　　一 zhāng zhǐ　　一 zhī bǐ　　一 tiáo yú

一 jiànzhōngqíng　　一 yánwéidìng　　一 mǎdāngxiān

四、完成对话 Complete the Following Dialogues

1. A: Nǐ qù nǎr?

   B: ______________________________.

2. A: Jīntiān xīngqī jǐ?

   B: ______________________________.

3. A: ______________________________?

   B: Míngtiān xīngqīsān.

4. A：Wǒ qù shítáng，nǐ qù bu qù？

B：______________，wǒ____________.

5. A：Nǐ xuéxí Yīngyǔ ma？

B：______________________________.

五、课堂活动　Classroom Activities

每两个学生为一组，练习问答一星期中的各天。

Practice asking and answering the days of a week in pairs.

六、写一写　Write the Characters

去　天　明　学　习　汉　语　星　期　吃　饭

去	去	去			天	天	天		
明	明	明			学	学	学		
习	习	习			汉	汉	汉		
语	语	语			星	星	星		
期	期	期			吃	吃	吃		
饭	饭	饭							

dì wǔ kè

第五课

Qǐng wèn nín zěnme chēnghu

请问您怎么称呼

shēngcí

生 词 New Words

1	叫	jiào	动	to call; to name	
2	呢	ne	助	(a modal particle used at the end of a declaration sentence to indicate the continuation of an action or situation)	
3	的	de	助	(a particle used after an attribute to indicate possession)	我的老师，你的妈妈
4	中文	Zhōngwén	名	Chinese	中文老师
5	名字	míngzi	名	name	中文名字
6	是	shì	动	to be(am, are, is, etc.)	不是
7	谁	shuí/shéi	代	who	谁的爸爸

8	中国	Zhōngguó	名	China	中国老师
9	朋友	péngyou	名	friend	中国朋友
10	什么	shénme	代	what	说什么，写什么
11	玛丽	Mǎlì	专名		
12	杰克	Jiékè	专名		
13	王林	Wáng Lín	专名		

kèwén

课　文　Text

Tā jiào shénme míngzi

（一）他叫什么名字

Mǎlì: Nǐ hǎo, wǒ jiào Mǎlì, nǐ ne?

玛丽：你好，我叫玛丽，你呢？

Jiékè: Wǒ jiào Jake, wǒ de Zhōngwén míngzi shì Jiékè.

杰克：我叫 Jake，我的中文名字是杰克。

Tā shì shéi?

他是谁？

Mǎlì: Tā shì wǒ de Zhōngguó péngyou.

玛丽：他是我的中国朋友。

Jiékè: Tā jiào shénme míngzi?

杰克：他叫什么名字？

Mǎlì: Tā jiào Wáng Lín.

玛丽：他叫王林。

shēngcí
生 词 New Words

14	请问	qǐng wèn		excuse me	请问你叫什么名字
15	贵姓	guìxìng		last name(a polite way to ask sb.'s name)	请问您贵姓
16	姓	xìng	名	family name	你姓什么
17	怎么	zěnme	代	how	怎么写,怎么说
18	称呼	chēnghu	动/名	to address as/ name	请问您怎么称呼
19	先生	xiānsheng	名	Mr. ; Sir	李先生
20	李	Lǐ	专名		

kèwén
课 文 Text

Qǐng wèn nín zěnme chēnghu
(二)请问您怎么称呼

Wáng xiānsheng: Nín hǎo, qǐng wèn nín guìxìng?
王先生:您好,请问您贵姓?

Lǐ xiānsheng: Wǒ xìng Lǐ, qǐng wèn nín zěnme chēnghu?
李先生:我姓李,请问您怎么称呼?

Wáng xiānsheng: Lǐ xiānsheng, nín hǎo. Wǒ jiào Wáng Lín.
王先生:李先生,您好。我叫王林。

bǔchōng shēngcí
补 充 生 词 Supplementary Words

1	题	tí	名	question; problem	
2	注意	zhùyì	动	to pay attention to	请注意
3	叔叔	shūshu	名	uncle	我的叔叔
4	阿姨	āyí	名	aunt	他的阿姨
5	女士	nǚshì	名	lady; Ms.	李女士

文化小贴士　Tips for Culture

1. 中国人的名字。Chinese names.

中国人的名字分姓和名两部分，姓总是放在名的前面。例如：

The name of Chinese person has two parts: the family name and the given name.The family name always comes before the given name. e.g.:

姓（xìng, **family name**）	名（míng, **given name**）
张（Zhāng）	小小（Xiǎoxiǎo）
王（Wáng）	林（Lín）
诸葛（Zhūgě）	亮（Liàng）

2. 怎么问中国人的姓名呢？How do you ask the name of Chinese person?

中国人问不同人的姓名有不同的方式。

Different sentences should be used when asking the names of different Chinese persons.

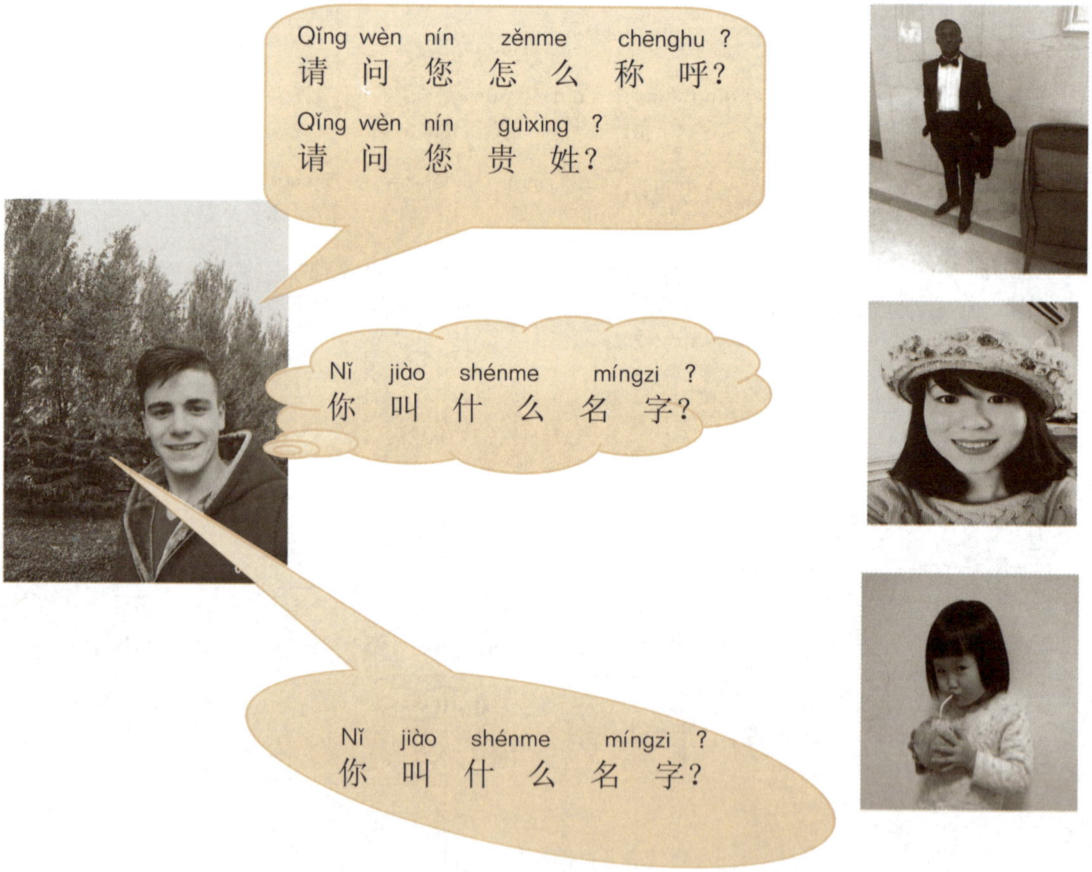

liànxí

练　习　Exercises

一、读一读并记住下面的句子　Read and Remember the Following Sentences

你叫什么名字？

我叫王林。

请问您贵姓？

我姓李。

请问您怎么称呼？

二、辨别声母　Initial Discrimination

bā—pā	bān—pān	bàng—pàng
dīng—tīng	dǎng—tǎng	dēng—téng
gàn—kàn	gāng—kāng	gēng—kēng
lán—láng	nán—náng	zhǎn— zhǎng
mén—méng	zhēn—zhēng	chén—chéng
xīn—xīng	qín—qíng	jìn—jìng

三、声调练习　Tone Discrimination

bá— bǎ	pā — pà	bǎng — bàng
tāng — tàng	táng — tǎng	kàn — kǎn
yīn — yín	yíng — yìng	dǎn — dàn

四、认读词语　Read and Learn

nǐ hǎo	qǐng wèn	dàxué	dàxuě	nǎ guó	nà guó
shénme	zěnme	guìxìng	xièxie	Zhōngwén	Hànyǔ

五、轻声练习　Neutral Tone Drills

bàba	māma	gēge	jiějie	dìdi
gāo de	bái de	wǒ de	nǐ de	tā de

běnzi	pàngzi	dīngzi	dùzi	kùzi
kě le	dǒng le	lèi le	è le	pǎo le
kě ma	duō ma	lèi ma	è ma	lěng ma

六、读一读下面的短句 Read the Following Sentences

Xiànzài shàng kè.

Tīng wǒ dú.

Gēn wǒ dú dì yī tí.

Zài dú yí biàn.

Qǐng zhùyì shēngdiào!

七、替换练习 Substitution Drills

1. A: Nǐ jiào shénme míngzi?

   B: Wǒ jiào Wáng Lín.

Tā	Tā māma
Nǐ de lǎoshī	Nǐ péngyou

2. A: Lǎoshī, nín guìxìng?

   B: Wǒ xìng Zhāng.

Shūshu	Āyí
Xiānsheng	Nǚshì

3. A: Xiānsheng, qǐng wèn nín zěnme chēnghu?

   B: Wǒ jiào Màikè.

Shūshu	Dàye
Lǎoshī	Péngyou

八、看图，完成对话　Complete the Dialogues According to the Pictures

A: ______________________?

Nǐ hǎo! Wǒ jiào Wáng Lín.

B: 你 好！我 叫 王 林。

老师：______________________?

Wǒ jiào Màikè, ?

麦克：我 叫 麦 克，____________?

Wǒ xìng Zhāng.

老师：我 姓 张。

A: ______________________?

Nín hǎo! Wǒ jiào Lǐ Xiǎopéng.

B: 您 好！我 叫 李 小 鹏。

九、填空　Fill in the Blanks

Wǒ de péngyou jiào Mǎlì, tā bàba de ______ jiào Màikè, tā de Zhōngwén lǎoshī ______ Zhāng, tā yǒu yí ge ______ péngyou ______ Wáng Lín.

我 的 朋 友 叫 玛 丽，她 爸 爸 的______叫 麦 克，她 的 中 文 老 师______张，她 有 一 个______朋 友______王 林。

十、问问他们的名字　Ask Their Names

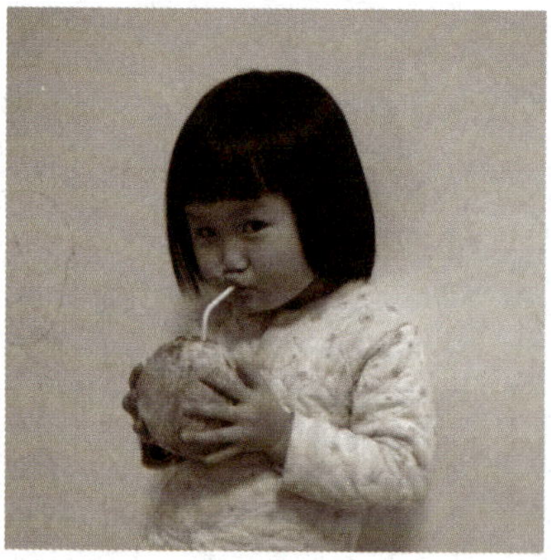

十一、写一写　Write the Characters

中　先　么　名　什　字　文　朋　友　生

中	中	中			先	先	先		
么	么	么			名	名	名		
什	什	什			字	字	字		
文	文	文			朋	朋	朋		
友	友	友			生	生	生		

dì liù kè

第六课

Wǒmen dōu shì Měiguórén

我们都是美国人

shēngcí

生　词　New Words

1	哪	nǎ	代	which; where	哪个饭馆
2	国	guó	名	country; nationality	哪国
3	人	rén	名	human being; man(or woman)	哪国人
4	也	yě	副	too	也是
5	对	duì	形	right; OK; correct; true	不对
6	我们	wǒmen	代	we; us	我们的
7	都	dōu	副	all; both	都是
8	哪里	nǎlǐ	代	where	你是哪里人
9	北京	Běijīng	专名	the capital of China	北京人
10	美国	Měiguó	专名	the United States	美国人
11	天津	Tiānjīn	专名		天津人
12	上海	Shànghǎi	专名		上海人

kèwén
课 文 Text

Wǒmen dōu shì Měiguórén
（一）我 们 都 是 美 国 人

Lǎoshī : Màikè , nǐ shì nǎ guó rén ?
老 师：麦 克 ，你 是 哪 国 人 ？

Màikè : Wǒ shì Měiguórén .
麦 克：我 是 美 国 人 。

Lǎoshī : Àimǎ yě shì Měiguórén ma ?
老 师：艾 玛 也 是 美 国 人 吗 ？

Màikè : Duì , wǒmen dōu shì Měiguórén .
麦 克：对 ， 我 们 都 是 美 国 人 。

Lǎoshī , nín shì nǎlǐ rén ?
老 师 ， 您 是 哪 里 人 ？

Lǎoshī : Wǒ shì Tiānjīnrén .
老 师：我 是 天 津 人 。

Màikè : Nín de bàba , māma yě dōu shì Tiānjīnrén ma ?
麦 克：您 的 爸 爸 、 妈 妈 也 都 是 天 津 人 吗 ？

Lǎoshī : Bù , tāmen dōu bú shì Tiānjīnrén .
老 师：不 ，他 们 都 不 是 天 津 人 。

Wǒ bàba shì Běijīngrén , māma shì Shànghǎirén .
我 爸 爸 是 北 京 人 ，妈 妈 是 上 海 人 。

shēng cí
生 词（New words）

13	那	nà	代	that	那个人
14	男	nán	形	male	男人，男同学

15	留学生	liúxuéshēng	名	overseas student	三个留学生
16	学生	xuésheng	名	student	美国学生
17	吧	ba	助	(a modal particle, indicating a suggestion, a request or a mild command)	
18	韩国	Hánguó	专名	the Republic of Korea	韩国学生
19	日本	Rìběn	专名	Japan	日本学生

kèwén
课 文 Text

Tā shì Hánguórén ba
(二)他 是 韩 国 人 吧

Màikè : Nàge nántóngxué yě shì liúxuéshēng ba ?
麦 克：那 个 男 同 学 也 是 留 学 生 吧 ？

Fāngzǐ : Shì de .
芳 子：是 的 。

Màikè : Tā shì Hánguórén ba ?
麦 克：他 是 韩 国 人 吧 ？

Fāngzǐ : Bù , tā shì Rìběnrén .
芳 子：不 ， 他 是 日 本 人 。

bǔchōng shēngcí
补 充 生 词 Supplementary Words

1	介绍	jièshào	动	to introduce	

yǔfǎ
语 法 Grammar

ba
一、吧 The Modal Particle “吧”

说话人对某事有一定的猜测，觉得是这样，但又不能确定，此时用“吧”来提问，表达较轻的疑问语气，向听话人求证。例如：

“吧” is a particle used at the end of a question to indicate that the speaker has an estimate of something but is not very certain, and asks for confirmation of a supposition. The tone of such question is mild. e.g.:

（1）[我觉得她是韩国人，可是我不能确定]——她是韩国人吧？

（I think she is Korean, but I’ m not sure.）

（2）[我觉得这是你爸爸，可是我不能确定]——这是你爸爸吧？

（I think this is your father, but I’ m not sure.）

二、副词（fùcí）“也”（yě）和（hé）“都”（dōu） The Adverbs “也”(also) and “都”(all, both)

	S（sth./sb.） +	也 / 都 +	v./adj. +	O
（我是美国人，）	艾玛	也	是	美国人。
（我妈妈不是天津人，）	我爸爸	也	不是	天津人。
（艾玛是美国人，我也是美国人，）	艾玛和我	都	是	美国人。
（我爸爸不是北京人，我妈妈不是北京人，）	我爸爸和妈妈	都	不是	北京人。

副词“也”和“都”放在动词或形容词前边，在句子中做状语。

The adverbs “也” and “都” are placed before verbs and adjectives and function as adverbials.

下面的句子不对。

Here are some wrong sentences.

* 1. 艾玛是美国人也。

* 2. 也艾玛是美国人。

* 3. 都艾玛和我是美国人。

练习（liànxí） Exercises

一、读一读并记住下面的句子 Read and Remember the Following Sentences

你是哪国人？

我是美国人。
你是哪里人？
我是北京人。
他也是美国人。
我也不是中国人。
我们都是美国人。
我们都不是中国人。

二、辨别声母 Initial Discrimination

jī—zhī	jú—zhú	juǎn—zhuǎn
qī—chī	qù—chù	quǎn—chuǎn
xí—shí	xǔ—shǔ	xiān—shān

三、辨别声调 Tone Discrimination

jiě — jié	qiē — qiè	zhǒng — zhòng
chāng — chàng	shéng — shěng	xué — xuě
bèi —běi	dān — dàn	shí — shì

四、认读词语 Read and Learn

jīqì　jiějie　xiūxi　xièxie　shāngxīn　xiāngxìn
Chángchéng　chǎngzhǎng　xuéshēng　zhōngxué　zhèngcháng

五、三声变调 Modulations of the 3rd Tone

shǒubiǎo	yǔsǎn	hěn kě	nǐ hǎo
děngděng	mǎi shǒubiǎo	dǎ yǔsǎn	yǔsǎn chǎng

六、读一读下面的短句 Read the Following Sentences

Qǐng nǐ jièshào yíxià zìjǐ .
Qǐng bǎ zuòyè jiāo gěi wǒ .
Dǎkāi shū, fāndào dì sān yè .

Xiànzài tīngxiě.

Qǐng kàn hēibǎn.

七、替换练习 Substitution Drills

1. A: Nǐ shì nǎ guó rén?

   B: Wǒ shì Měiguórén.

Hánguórén	Rìběnrén
Zhōngguórén	Yīngguórén

2. A: Nǐ shì nǎlǐ rén ?

   B: Wǒ shì Běijīngrén.

Tiānjīnrén	Shànghǎirén
Nánjīngrén	Guǎngzhōurén

3. A: Tā yě shì liúxuéshēng ma?

   B: Tā yě shì liúxuéshēng. Wǒmen dōu shì liúxuéshēng.

xuéshēng	lǎoshī
Yīngguórén	Zhōngguórén

八、完成对话 Complete the Following Dialogues

1. A: 她是老师吗？(Tā shì lǎoshī ma?)

   B: ______________________。

   A: ______________________？

   B: 他也是老师。(Tā yě shì lǎoshī.)

2. A: ______________________？

   B: 她是美国人。(Tā shì Měiguórén.)

   A: 你是哪国人？(Nǐ shì nǎ guó rén?)

   B: ______________________。

Tā shì wǒ yě shì

3. A: 她 是 ____________ ,我 也 是 ____________ 。

Nǐmen dōu shì Rìběnrén .

B: 你 们 都 是 日 本 人 。

Tā shì liúxuéshēng ma ?

4. A: 她 是 留 学 生 吗 ?

B: ______________________ 。

A: ______________________ ?

Tā yě shì liúxuéshēng .

B: 他 也 是 留 学 生 。

Tāmen .

A: 他 们 ________________ 。

九、用"也"和"都"写句子 Finish the Following Sentences with "也" and "都"

1. 她是老师,他 ______________,他们 ________________。

2. 他是美国人,她______________,他们 ________________。

3. 他是留学生，她__________，他们__________。

十、根据自己的情况填空　Express Yourself

Wǒ shì __________, wǒ lái Zhōngguó xuéxí __________.
我是__________，我来中国学习__________。

Wǒ jiào __________, wǒ shì __________ rén, wǒ bàba shì __________ rén,
我叫__________，我是__________人，我爸爸是__________人，

wǒ māma shì __________ rén. Wǒ de Zhōngwén lǎoshī xìng __________.
我妈妈是__________人。我的中文老师姓__________。

十一、写一写　Write the Characters

哪　国　人　也　都　对　们　那　男　学　留　里

哪	哪	哪			国	国	国		
人	人	人			也	也	也		
都	都	都			对	对	对		
们	们	们			那	那	那		
男	男	男			学	学	学		
留	留	留			里	里	里		

dì qī kè
第七课

Wǒ nǚpéngyou jīnnián èrshíyī suì
我女朋友今年二十一岁

shēngcí
生词 New Words

1	这	zhè	代	this	这个
2	啊	a	助	(expressing an affirmative tone)	
3	真	zhēn	副 / 形	really;truly;indeed;true;real	真好
4	漂亮	piàoliang	形	pretty; beautiful	真漂亮
5	今年	jīnnián	名	this year	
6	多	duō	代	how	他今年多大
7	岁	suì	量	...years old	六岁
8	王林	Wáng Lín	专名		
9	李明	Lǐ Míng	专名		

kèwén
课 文 Text

Tā jīnnián duō dà
(一)她 今 年 多 大

Jiékè: Màikè, zhè shì nǐ nǚpéngyou ma?
杰克：麦克，这是你女朋友吗？

Màikè: Shì a.
麦克：是啊。

Jiékè: Zhēn piàoliang! Tā jīnnián duō dà?
杰克：真漂亮！她今年多大？

Màikè: Tā jīnnián èrshíyī suì.
麦克：她今年二十一岁。

shēngcí
生 词 New Words

10	小	xiǎo	形	small; little	小朋友
11	猜	cāi	动	to guess	你猜
12	七	qī	数	seven	七个
13	奶奶	nǎinai	名	grandmother	我奶奶
14	年纪	niánjì	名	age	您多大年纪
15	十	shí	数	ten	十岁
16	九	jiǔ	数	nine	九十七
17	身体	shēntǐ	名	body	身体很好
18	百	bǎi	数	hundred	九百
19	千	qiān	数	thousand	三千
20	万	wàn	数	ten thousand	五万

kèwén
课文 Text

Nǐ jīnnián jǐ suì
(二)你 今 年 几 岁

Nǎinai: Xiǎopéngyou, nǐ jīnnián jǐ suì?
奶奶：小朋友，你今年几岁？

Xiǎopéngyou: Nín cāi!
小朋友：您猜！

Nǎinai: Wǔ suì?
奶奶：五岁？

Xiǎopéngyou: Bú duì!
小朋友：不对！

Nǎinai: Qī suì?
奶奶：七岁？

Xiǎopéngyou: Duì! Nǎinai, nín jīnnián duō dà niánjì?
小朋友：对！奶奶，您今年多大年纪？

Nǎinai: Nǎinai jīnnián qīshíjiǔ suì.
奶奶：奶奶今年七十九岁。

Xiǎopéngyou: Nǎinai, nín shēntǐ zhēn hǎo!
小朋友：奶奶，您身体真好！

bǔchōng shēngcí
补充生词 Supplementary Words

1	去年	qùnián	名	last year	
2	明年	míngnián	名	next year	
3	年级	niánjí	名	grade	四年级
4	零	líng	数	zero	一百零一

Zhùshì

注 释 Notes

"啊"用在句子末尾常常表示肯定或感叹的语气。说话时,"啊"受前一个音节尾音的影响,语音会发生变化,它的语音变化规则大致如下。

"啊" is used at the end of a sentence to express an affirmative mood or an exclamation mood. The pronunciation of "啊"can change according to the end sound of the syllable before it. Its changing rule is generally as follows.

(1) a,o,e,i,ü + 啊,读成"ya"。

例如:hǎo dà a—hǎo dà ya,shì wǒ a—shì wǒ ya,hǎo kě a—hǎo kě ya,nǐ a—nǐ ya,qù a—qù ya

(2) u,ou,ao + 啊,读成"wa"。

例如:zhù a—zhù wa,yǒu a —yǒu wa,hǎo a—hǎo wa

(3) n + 啊,读成"na"。

例如:hǎo nán a—hǎo nán na,zhēn jǐn a—zhēn jǐn na,zhēn kùn a—zhēn kùn na,bù kěn a—bù kěn na

(4) ng + 啊,读成"nga"。

例如:zhēn lěng a—zhēn lěng nga,Běijīng a—Běijīng nga

书写时可以都写成"啊",(1)、(2)、(3)中对应的字也可以分别写成"呀""哇""哪"。

It can always be written as "啊", or it can also be written as "呀""哇""哪"respectively in (1),(2),(3).

文化小贴士 Tips for Culture

如何问中国人的年龄呢? How do you ask Chinese people about age?

中国人问不同人的年龄,有不同的方式。

Chinese use different ways to ask about ages according to the people of different age groups.

注意: 现在,中国人问女性的年龄很慎重,当面问年轻或中年女性的年龄被认为是不太礼貌的。

Note: At present, Chinese people are quite careful to ask a woman about her age. It is considered impolite to ask a young or middle-aged woman's age to her face.

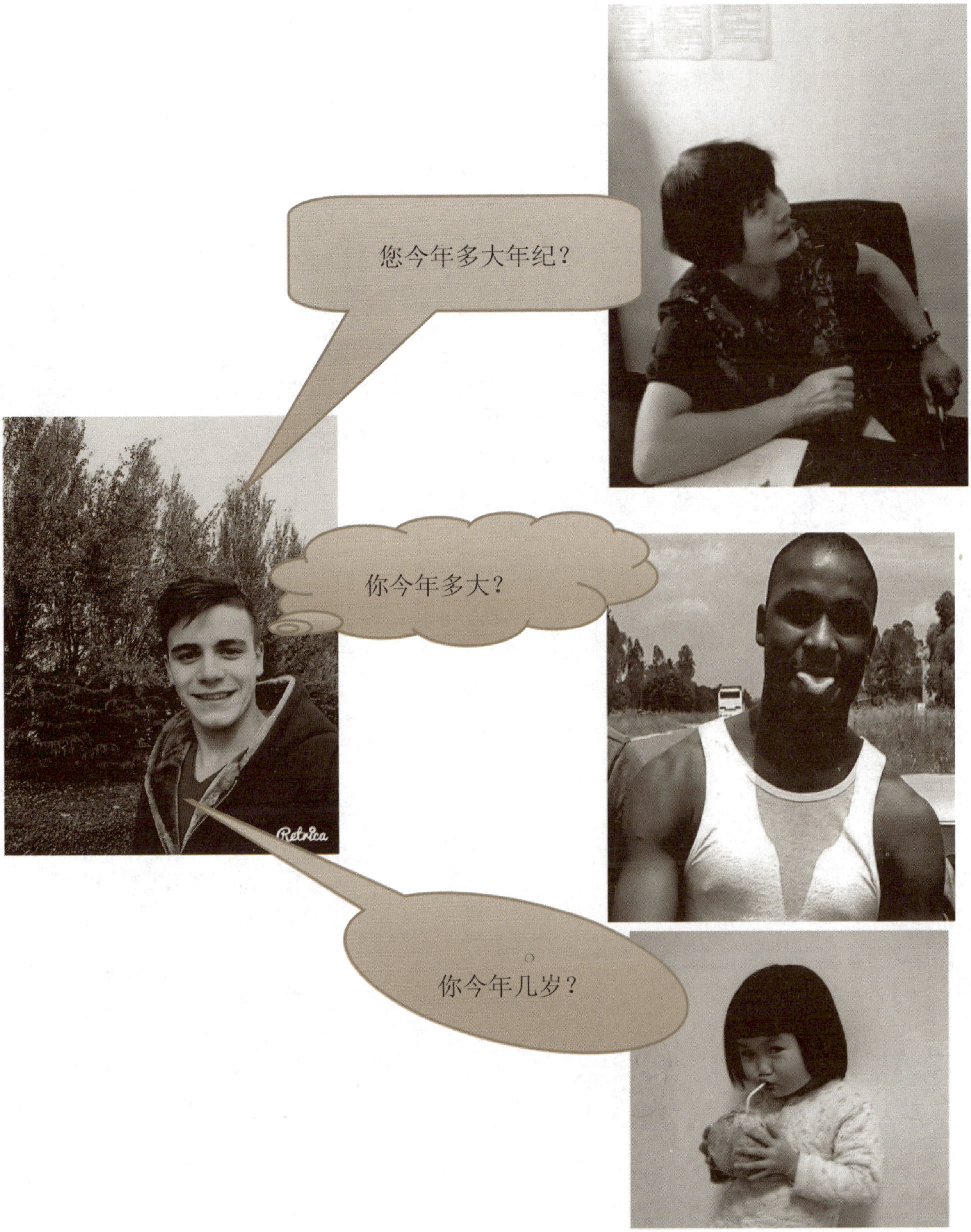
您今年多大年纪？
你今年多大？
你今年几岁？

yǔfǎ
语　法　Grammar

chēngshùfǎ
一、称　数　法　Rules of Counting Numbers

（一）百以内　Less than 100

	1 一	2 二	3 三	4 四	5 五	6 六	7 七	8 八	9 九
10 十		12 十二							
20 二十				24 二十四					
30 三十									
40 四十							47 四十七		
50 五十									
60 六十									69 六十九
70 七十									
80 八十									
90 九十									

（二）百以上　More than 100

3	5	4	6	1
万	千	百	十	个

三万五千四百六十一

100	200	110	101	111
一百	二百	一百一（十）	一百零一	一百一十一
1 000	2 000	1 200	1 010	1 001
一千	两千	一千二（百）	一千零一十	一千零一
10 000	20 000	12 000	10 010	10 101
一万	两万	一万二	一万零一十	一万零一百零一

二、“几”(jǐ) How Many

“几”常常用来询问 10 以下的数量，例如：

“几”is often used to ask the number within 10. For example:

A：你今年几岁？（估计在 1~10 岁之间）[The age is assumed from 1 to 10.]

B：我今年三岁。

A：今天星期几？

B：今天星期三。

练习(liànxí) Exercises

一、读一读并记住下面的句子 Read and Remember the Following Sentences

你今年多大？

二十六岁。

你今年几岁？

三岁。

您今年多大年纪？

七十九岁。

三百六十五天。

两千年。

二、辨别发音 Syllable Discrimination

zì—zhì	zāng—zhāng	zuì—zhuì
cí—chí	cāi—chāi	cūn—chūn
sì—shì	sài—shài	suí—shuí
jǐ—jǔ	qī—qū	nǐ—nǚ
zū—jū	lù—lǜ	nǔ—nǚ
bó—dé	pò—tè	mò—lè

三、辨别声调 Tone Discrimination

qú — qù	cū — cù	jǐ — jì
chē — chě	shé — shě	zhù — zhǔ
pó — pò	shuí — shuǐ	zhāi — zhái

四、认读词语 Read and Learn

sūnzi	yǔsǎn	sànbù	sòng xìn	cānjiā	cuòwù
sìshí	shísì	Zhōngwén	Chángchéng	chǎngzhǎng	zhīdào

五、"一"的变调 Modulations of "一"

yì fēng	yì céng	yì běn	yí gè
yì tiān	yì huí	yì bǐ	yí kè
yì zhāng	yì jié	yì kǒu	yí jiàn
yì shuāng	yì nián	yì diǎn	yí piàn

六、"不"的变调 Modulations of "不"

bù chī	bù lái	bù mǎi	bú mài
bù hé	bù xíng	bù lěng	bú qù
bù shuō	bù néng	bù dǎ	bú pà
bù duō	bù tián	bù hǎo	bú è

七、读一读，注意"一"和"不"的声调 Read and Pay Attention to the Tones of "一" and "不"

一 zhāng	一 tiáo	一 běn	一 wèi
一 bān	一 zhí	一 bǎ	一 dìng
不 chī	不 máng	不 hǎo	不 shì
不 hē	不 nán	不 mǎi	不 qù

八、读一读下面的短句 Read the Following Sentences

Lǎoshī hǎo!

Qǐng nín zài màn yìdiǎnr.

Qǐng nín zài shuō yí biàn.

Zhège zì / cí shì shénme yìsi ?

Jīntiān de zuòyè shì shénme?

九、用汉字写出下列数字 Write down the Numbers in Chinses Characters

44	56	78	90	12	31	100
______	______	______	______	______	______	______
109	110	154	911	666	721	1 000
______	______	______	______	______	______	______
1 034	222	8 457	9 010	7 602	6 541	10 000
______	______	______	______	______	______	______

十、看图，完成对话 Complete the Dialogues According to the Pictures

A: ____________________。

B: 你好！我叫麦克。

A: ____________________？

B: 我今年十九岁。你呢？

A: 我 _____ 十九岁。

老师：______________________？
学生：我叫麦克。
老师：你今年多大？
学生：______________________。
老师：你是几年级的学生？
学生：______________________。

小朋友：______________________？
奶　奶：奶奶今年六十七岁。你猜奶奶明年多大？
小朋友：______________________。

十一、读句子，选图　Read the Following Sentences and Choose the Proper Pictures

A

B

C

D

E

F

例如：她今年六十岁。 F

1. 她奶奶的身体很好。 ☐

2. 我去饭馆儿吃饭。 ☐

3. 他们都是留学生。 ☐

4. 你女朋友真漂亮！ ☐

5. 他们是好朋友。 ☐

十二、问答匹配 Match the Questions and the Answers

例如：今天星期几？	B	A. 美国人。
1. 你去哪儿？	☐	B. 星期日。
2. 您今年多大年纪？	☐	C. 七岁。
3. 他今年几岁？	☐	D. 我姓王。
4. 请问您怎么称呼？	☐	E. 八十九岁。
5. 你妈妈是哪国人？	☐	F. 去食堂。

十三、假设你是一名二十岁的留学生，请问问他/她的年龄 Suppose You Are an Overseas Student of 20 Years Old, Try to Ask His/Her Age

_______________？

_______________？

_______________？

十四、写一写 Write the Characters

这 小 几 真 今 年 多 岁 七 九

这	这	这			小	小	小		
几	几	几			真	真	真		
今	今	今			年	年	年		
多	多	多			岁	岁	岁		
七	七	七			九	九	九		

dì bā kè

第八课

Nǐ jiā yǒu jǐ kǒu rén

你家有几口人

shēngcí

生 词 New Words

1	家	jiā	名	home(a classifier for a family, company,shop,etc.)	你家，他家
2	有	yǒu	动	to have; there be	我有三个
3	口	kǒu	名/量	mouth（a classifier for family member）	三口人
4	半	bàn	数	half	一半
5	孩子	háizi	名	child	三个孩子
6	两	liǎng	数	two	两个孩子
7	儿子	érzi	名	son	两个儿子
8	和	hé	连	and	我和他
9	女儿	nǚér	名	daughter	儿子和女儿
10	妻子	qīzǐ	名	wife	我的妻子
11	还	hái	副	also; in addition;still	还有
12	狗	gǒu	名	dog	小狗

kèwén
课 文 Text

Nǐ jiā yǒu jǐ kǒu rén
(一)你家有几口人

Mǎlì: Màikè, nǐ jiā yǒu jǐ kǒu rén?
玛丽：麦克，你家有几口人？

Màikè: Sì kǒu bàn.
麦克：四口半。

Mǎlì: Sì kǒu bàn?
玛丽：四口半？

Màikè: Shì a!
麦克：是啊！

Mǎlì: Nǐ yǒu jǐ ge háizi?
玛丽：你有几个孩子？

Màikè: Wǒ yǒu liǎng ge háizi, yí ge érzi hé yí ge nǚér.
麦克：我有两个孩子，一个儿子和一个女儿。

Mǎlì: Nǐ, nǐ qīzǐ, liǎng ge háizi, hái yǒu shuí?
玛丽：你、你妻子、两个孩子，还有谁？

Màikè: Hái yǒu wǒmen de xiǎo gǒu!
麦克：还有我们的小狗！

shēngcí
生 词 New Words

13	哥哥	gēge	名	elder brother	我的哥哥
14	医生	yīshēng	名	doctor	一个医生
15	姐姐	jiějie	名	elder sister	漂亮的姐姐

16	没有	méiyǒu	动	not to have	没有姐姐
17	弟弟	dìdi	名	younger brother	哥哥和弟弟
18	妹妹	mèimei	名	younger sister	五个妹妹

kèwén
课 文 Text

Wǒ de gēge jiějie dōu shì yīshēng
(二)我的哥哥姐姐都是医生

(麦克去王丽家做客,看到了王丽和她哥哥姐姐的照片)

Wáng Lì: Zhè shì wǒ gēge, tā shì yīshēng.
王 丽:这是我哥哥,他是医生。

Màikè: Zhè shì ...?
麦 克:这是……?

Wáng Lì: Zhè shì wǒ jiějie, tā yě shì yīshēng.
王 丽:这是我姐姐,她也是医生。

Nǐ yǒu gēge jiějie ma?
你有哥哥姐姐吗?

Màikè: Wǒ méiyǒu gēge jiějie, wǒ yǒu yí ge dìdi hé liǎng ge mèimei.
麦 克:我没有哥哥姐姐,我有一个弟弟和两个妹妹。

bǔchōng shēngcí
补充生词 Supplementary Words

1	猫	māo	名	cat	小猫
2	它	tā	代	it	它的

yǔfǎ
语 法 Grammar

"yǒu" zì jù
一、"有"字句 Sentences with "有"(1)

肯定式(kěndìngshì, **affirmative form**)

主语(zhǔyǔ,subject)	+ 有 +	宾语(bīnyǔ,object)
我	有	两个孩子。
他	有	一本词典。
弟弟	有	一只猫。

否定式(fǒudìngshì,negative form)

主语(zhǔyǔ, subject)	+ 没有 +	宾语(bīnyǔ, object)
我	没有	哥哥姐姐。

不能说(It can't be):* 我不有哥哥姐姐。

正反疑问形式(zhèngfǎn yíwèn xíngshì,affirmative-negative questions)

主语(zhǔyǔ,subject)	+ 有没有 +	宾语(bīnyǔ,object)
你	有没有	自行车?
你	有没有	弟弟妹妹?

二、定语标记"的" (dìngyǔ biāojì "de") The Attributive Marker"的"

名词或名词性词组的修饰语叫定语。定语要放在名词前面。

The modifiers of nouns and nominal phrases are called attributes. In a phrase the attribute is placed in front of the noun.

定语(dìngyǔ,attribute)	+ 的 +	名词(míngcí,noun)	
我们	的	老师	(our teacher)
[we	*de*	teacher]	
老师	的	书	(teacher's book)
[teacher	*de*	book]	
漂亮	的	女朋友	(beautiful girlfriend)
[beauty	*de*	girlfriend]	
很好	的	同学	(good classmate)
[very good	*de*	classmate]	

你　写　的　汉字　(the character you wrote)

[you　write　*de*　character]

有时候，定语和中心语之间不用“的”。例如：我爸爸，女同学，男同学，中文书。

Sometimes the structural particle “的” is not added between the attribute and centre-word, e.g. 我爸爸，女同学，男同学，中文书 .

liànxí
练　习　Exercises

一、读一读并记住下面的句子　Read and Remember the Following Sentences

你家有几口人？

我家有四口人。

她有没有孩子？

她没有孩子。

他有一个漂亮的女朋友。

他们的老师很忙。

我爸爸和我妈妈都是北京人。

二、辨别发音　Syllable Discrimination

rú—lú	rǎo—lǎo	ròu—lòu
gǔ—jǔ	guān—juān	gǔn—jūn
cā—kā	cū—kū	cūn—kūn
duō—dōu	luò—lòu	zuò—zòu
diū—duī	jiù—zuì	qiū—kuī
bō—dōu	fó—fǒu	mǒ—mǒu

三、辨别声调　Tone Discrimination

duó — duǒ	guō — guó	lǒu — lòu
liū — liù	móu — mǒu	bó — bǒ
tuī — tuì	rǎo — rào	kǔn — kùn

四、认读词语　Read and Learn

píngguǒ　zuòyè　duì cuò　fǒudìng　xiǎo gǒu　qiūtiān
dōu shì　niúròu　róngyì　rúguǒ　guān mén　lǎoshī

五、儿化韵练习　Retroflex Final Drills

qù nǎr　qù nàr　huà huàr　yíxiàr
hǎowánr　xiǎoháir　méi shìr　liáotiānr
yìdiǎnr　yíhuìr　yíkuàir　yǒudiǎnr
chàng gēr　zài nàr　zài zhèr　pángbiānr

六、读一读下面的短句　Read the Following Sentences

Qǐng nín màn diǎnr shuō.
Xièxie lǎoshī !
Duìbuqǐ, wǒ chídào le .
Lǎoshī,tā shēng bìng le,bù néng lái shàng kè.

七、替换练习　Substitution Drills

1. A：你有<u>哥哥</u>吗？
　B：我有<u>哥哥</u>。

姐姐	弟弟
妹妹	女朋友

2. A：你有没有<u>狗</u>？
　B：我没有<u>狗</u>。

猫	中文书
中国朋友	留学生朋友

3. A：你家有几口人？
　B：我家有<u>三口</u>人。

四口半　　八口
十口　　五口

八、把"的"放在正确的位置　Put"的"in the Proper Place

1. 这是谁 A 中 B 文书？
2. 这是我 A 哥哥 B 老师。
3. 他有一个很漂亮 A 女 B 朋友。
4. 他是很 A 好 B 老师。
5. 麦克 A 老师是王 B 老师。

九、完成对话　Complete the Following Dialogues

A：你家＿＿＿＿＿＿＿＿？
B：六口。
A：＿＿＿＿＿＿＿＿＿＿？
B：我有一个姐姐和一个哥哥。
A：＿＿＿＿＿＿＿＿＿＿？
B：我没有弟弟妹妹。
A：你家还有谁？
B：还有爸爸、妈妈和奶奶。
A：＿＿＿＿＿＿＿＿＿＿？
B：奶奶的身体很好。

十、读句子，选图　Read the Following Sentences and Choose the Proper Pictures

A

B

C

D

E

F

例如： 奶奶有一只狗。 E

1. 我有一个漂亮的女儿。 □
2. 我有两个妹妹和一个弟弟。 □
3. 我的妻子是一个医生。 □
4. 我家有五口人，还有一只狗。 □
5. 我的哥哥是一个老师。 □

十一、问答匹配　Match the Questions and the Answers

例如：你去哪儿？ F

1. 你家有几口人？ □
2. 你有几个儿子？ □
3. 你忙吗？ □
4. 请问您贵姓？ □
5. 他姐姐是哪里人？ □

A. 北京人。
B. 两个。
C. 五口半。
D. 我姓王。
E. 不太忙。
F. 去饭馆儿。

十二、看图说话,注意用"有"字句 Talk about the Pictures by Using the Sentences with "有"

1. 我家 ____________,他们是 ______________________。

2. 我有 __________ 孩子,__________ 妹妹,__________ 弟弟。我家还有一只 ________,它今年一岁半。

3. 他有 ________________。

4. 王林有 ________________。

十三、根据自己的情况填空　Fill in the Blanks According to Yourself

我家有 ________，他们是 ________________________。我爸爸是 ________，我妈妈是 ________，我是 ________。你家 __________？

十四、写一写　Write the Characters

家　有　半　两　子　儿　女　还　姐　哥　弟　妹

家 家 家　　有 有 有

半 半 半　　两 两 两

子 子 子　　儿 儿 儿

女 女 女　　还 还 还

姐	姐	姐		
弟	弟	弟		

哥	哥	哥		
妹	妹	妹		

dì jiǔ kè
第九课

Nǐ xīngqītiān zuò shénme
你星期天做什么

shēngcí
生　词　New Words

1	回	huí	动	to go back; to come back	回天津；回中国
2	房间	fángjiān	名	room	我的房间；房间很大
3	见	jiàn	动	to see	明天见
4	走	zǒu	动	to walk; to go; to leave	我们走吧
5	喜欢	xǐhuān	动	to like	喜欢汉语；喜欢上课

kèwén
课　文　Text

Míngtiān jiàn
（一）明天　见

Dàwèi: Mǎlì, wǒ hé Yàdāng qù fànguǎnr chī fàn, nǐ qù ma?
大卫：玛丽，我和亚当去饭馆儿吃饭，你去吗？

Mǎlì: Wǒ bú qù, nǐmen qù ba, wǒ huí fángjiān xuéxí.
玛丽：我不去，你们去吧，我回房间学习。

Dàwèi : Hǎo de , míngtiān jiàn !
大卫：好的，明天见！

Mǎlì : Míngtiān jiàn !
玛丽：明天见！

Dàwèi (duì Yàdāng) : Wǒmen zǒu ba .
大卫（对亚当）：我们走吧。

Yàdāng : Mǎlì zhēn xǐhuān xuéxí !
亚当：玛丽真喜欢学习！

shēngcí
生词 New Words

6	做	zuò	动	to do	做什么
7	知道	zhīdào	动	to know	你知道吗；不知道
8	来	lái	动	to come	来中国；来天津

kèwén
课文 Text

Nǐ xīngqītiān zuò shénme
（二）你星期天做什么

Wáng Lín : Ālǐ , nǐ xīngqītiān zuò shénme ?
王林：阿里，你星期天做什么？

Ālǐ : Méi shénme shì , bù zhīdào zuò shénme . Nǐ ne ?
阿里：没什么事，不知道做什么。你呢？

Wáng Lín : Xīngqītiān péngyǒumen lái wǒ jiā chī fàn , Ānnà , Dàwèi hé Yàdāng dōu lái , nǐ yě lái ba .
王林：星期天朋友们来我家吃饭，安娜、大卫和亚当都来，你也来吧。

Ālǐ : Hǎo de ! Xièxie nǐ .
阿里：好的！谢谢你。

Wáng Lín : Bú kèqi , xīngqītiān jiàn !
王林：不客气，星期天见！

Ālǐ : Xīngqītiān jiàn !
阿里：星期天见！

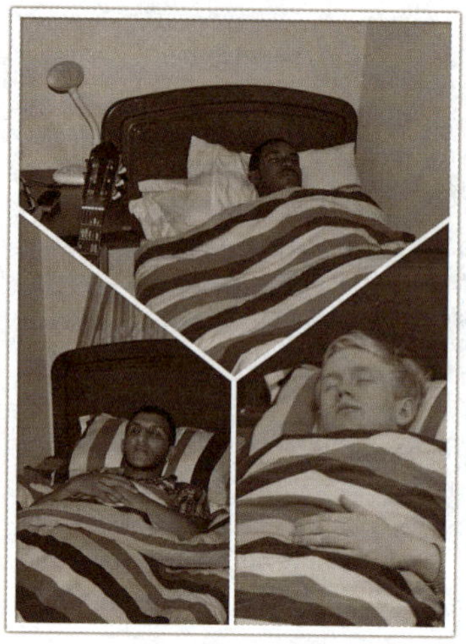

shēngcí
生词 New Words

9	早上	zǎoshang	名	morning	今天早上；早上好
10	睡觉	shuìjiào	动	to sleep	回房间睡觉
11	书	shū	名	book	老师的书；中文书
12	字	zì	名	character; word	汉字；写字
13	课文	kèwén	名	text	读课文
14	时间	shíjiān	名	time	有时间
15	玩(儿)	wán(r)	动	to play; to have fun	去朋友家玩儿

kèwén
课文 Text

Mǎlì zhēn xǐhuān xuéxí
(三)玛丽真喜欢学习

Xīngqīliù zǎoshang , tóngxuémen dōu xǐhuān shuìjiào . Mǎlì ne ?
星期六早上，同学们都喜欢睡觉。玛丽呢？

Tā kàn shū, xiě zì, dú kèwén. Tā shuō: "Wǒ méi yǒu shíjiān wánr."
她看书、写字、读课文。她说:"我没有时间玩儿。"

bǔchōng shēngcí
补充生词 Supplementary Words

1	路	lù	名	road	
2	为什么	wèi shénme	代	why	为什么去中国

yǔfǎ
语法 Grammar

ba
一、吧 (The Modal Particle "吧")

说话人提出一个想法、建议,句尾用"吧",表示跟听话人商量的语气。

"吧"can be used at the end of a statement to express consultation or proposal.

[下课了,阿里饿了,跟大卫商量]
我们去吃饭吧。

[王林想邀请阿里来家里做客]
安娜、大卫和亚当都来,你也来吧。

[星期六大卫想去北京，跟玛丽商量]

星期六我们去北京吧。

注意：如果不用“吧”，就有“要求、命令”的语气。例如：

Note : If“吧”is not used, the sentence expresses the tone of demand and command.e.g.:

1. 我们去吃饭。
2. 安娜、大卫和亚当都来，你也来。
3. 星期六我们去北京。

二、时间名词做状语 Time Nouns as Adverbial

shíjiān míngcí zuò zhuàngyǔ

S	+ “time”	+ V	+ O
我	星期天	去	北京。
哥哥	明天	回	天津。
妹妹	早上	不	上课。

“time”	+ S	+ V	+ O
星期天	我	去	北京。
明天	哥哥	回	天津。
早上	妹妹	不	上课。

下面的句子不对。

The following sentences are incorrect.

* 1. 我去北京星期天。
* 2. 哥哥回天津明天。
* 3. 妹妹不上课早上。

三、简单连动句 The Sentences with Verbal Structure in Series

jiǎndān liándòngjù

S	+ V1	+ (O1)	+ V2	+ (O2)
同学们	来	中国	学习	汉语。

亚当　去　饭馆　吃　饭。

玛丽　回　房间　睡　觉。

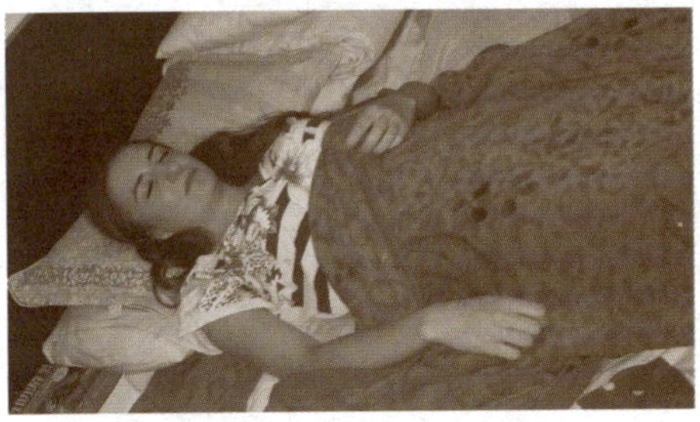

注意：V1 先做，V2 后做，或者 V2 是 V1 的目的。下面的句子不对。

Note : V1 is done at first, and then V2 is done, or V2 indicates the purpose of V1. The following sentences are incorrect .

* 1. 同学们学习汉语来中国。

* 2. 我们吃饭去食堂。

liànxí

练　习　Exercises

一、读一读并记住下面的句子　Read and Remember the Following Sentences

明天见！

你星期天做什么？

星期六早上她看书。

玛丽回房间学习。

朋友们来我家吃饭。

二、辨别声母　Initial Discrimination

pū—fū	páng—fáng	pēn—fēn
zǐ—jǐ	zuàn—juàn	zūn—jūn
sú—xú	sǐ—xǐ	suàn—xuàn
nǔ—nǚ	lù—lǜ	ruǎn—yuǎn
chuán—xuán	chún—qún	kùn—jùn

三、辨别声调　Tone Discrimination

rú — rù	xū — xǔ	fǎ — fā
wán — wǎn	quán — quān	jú — jù
wèn — wén	yún — yùn	zú — zū

四、认读词语　Read and Learn

lúnchuán	bù yuǎn	qúnzi	lǜdēng
wúlùn	yúqún	kuān zhǎi	yuánquān
wēnnuǎn	yǔnxǔ	fùmǔ	nǚquán

五、读一读下面的短句 Read the Following Sentences

Qǐng gēn wǒ dú.

Yǒu wèntí, qǐng jǔ shǒu.

Zuò wán le ma?

Zhǔnbèi hǎo le ma?

Xiànzài bú yào kàn shū.

Zhège cí shì shénme yìsi?

Zhè jù huà shì shénme yìsi?

六、朗读词组 Read the Following Phrases

回家	回房间	回天津	回中国
喜欢孩子	喜欢猫	喜欢学习	喜欢看书
今天早上	明天早上	昨天早上	星期天早上

七、替换练习 Substitution Drills

1. 我明天去北京。

老师	去朋友家
哥哥	上课
你朋友	回天津
他的妻子	来中国

2. A：你喜欢做什么？

B：我喜欢学习汉语。

他	看书
你爸爸	走路
王先生	写字
你的丈夫	吃饭

3. 今天我去朋友家。

明天	回北京
早上	上课
星期一	来天津
星期天早上	回家

4. 亚当去饭馆儿吃饭。

来中国	学汉语
去朋友家	玩儿
回房间	睡觉
去学校	上课

5. 我没有时间玩儿。

睡觉
学习
吃饭
看书

八、选词填空 Choose the Proper Word for Each of the Blank

早上　　课文　　意思　　回　　时间　　知道

例如: 明天你有＿＿时间＿＿吗？

1. 玛丽在房间读＿＿＿＿＿＿＿＿＿＿。
2. 请问，这个字是什么＿＿＿＿＿＿＿＿？
3. 你＿＿＿＿＿＿大卫是哪国人吗？
4. 星期六＿＿＿＿＿＿你做什么？
5. 张先生不＿＿＿＿＿＿家吃饭，他去饭馆儿。

九、用拼音写出下面的句子 Write the Following Sentences with Pinyin

1. 我星期六去饭馆儿吃饭。

＿＿＿＿＿＿＿＿＿＿＿＿＿＿＿＿＿＿＿＿

2. 玛丽回房间学习。

____

3. 同学们都喜欢睡觉。

____

4. 我妻子喜欢看书。

____

5. 为什么你不去玩儿？

____

6. 张先生明天去朋友家。

____

十、回答问题 Answer the Questions

1. 你明天去北京吗？

____

2. 星期六你做什么？

____

3. 星期日你去哪儿玩？

____

4. 明年你弟弟来中国学汉语吗？

____

十一、组句 Construct Sentences

1. 学　汉语　中国　我们　来

____

2. 食堂　去　亚当　早上　吃饭

____

3. 去　张先生家　玛丽　星期六

____

4. 王老师　天津　明天早上　回

____

5. 喜欢　　他儿子　　书　　看

____

6. 我女儿　　喜欢　　不　　狗

____

十二、读句子，选图　Read the Following Sentences and Choose the Proper Pictures

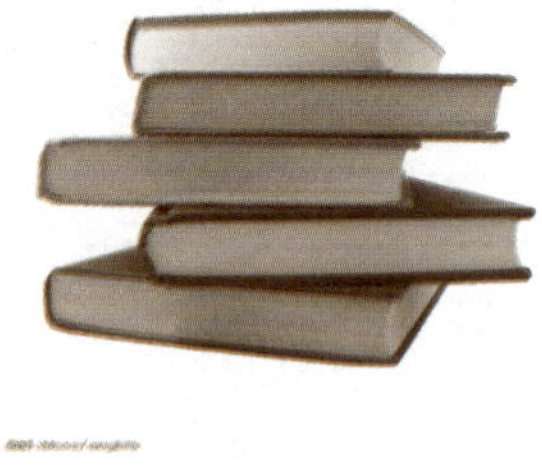

A

B

C

D

E

F

例如：她们走路去上课。　[B]

1. 玛丽的房间很漂亮。　[ ]
2. 孩子喜欢写字。　[ ]
3. 你有中文书吗？　[ ]
4. 星期日早上同学们都喜欢睡觉。　[ ]
5. 孩子们都喜欢玩儿。　[ ]

十三、问答匹配　Match the Questions and the Answers

例如：星期天你做什么？	[E]	A. 喜欢看书。
1. 去哪儿吃饭？	[ ]	B. 汉字课。
2. 你喜欢做什么？	[ ]	C. 去食堂吧。

3. 谁明天来天津？ □ D. 我很忙，没有时间玩儿。

4. 明天上什么课？ □ E. 去北京玩儿。

5. 为什么你不去玩儿？ □ F. 张老师的丈夫。

十四、写一写 Write the Characters

吃 饭 回 房 间 走 知 道 做

吃	吃	吃			
饭	饭	饭			
回	回	回			
房	房	房			
间	间	间			
走	走	走			
知	知	知			
道	道	道			
做	做	做			

dì shí kè
第十课

Tā qù Běijīng le
他去北京了

shēngcí
生　词　New Words

1	没	méi	副	to indicate that an event does not happen	没吃饭;没上课
2	晚上	wǎnshang	名	evening; night	昨天晚上;今天晚上
3	了	le	助	(an aspect particle, indicating the occurrence or completion of a thing or an action)	他去北京了;玛丽回家了
4	时候	shíhou	名	time	什么时候
5	回来	huílái	动	to come back	明天回来
6	可能	kěnéng	副	perhaps; maybe	可能去北京
7	下午	xiàwǔ	名	afternoon	今天下午
8	中午	zhōngwǔ	名	noon	昨天中午
9	上午	shàngwǔ	名	morning	明天上午

10	告诉	gàosu	动	to tell	告诉老师；告诉丈夫
11	第	dì		(an auxiliary word for ordinal numbers)	第一；第二；第三
12	作业	zuòyè	名	homework	麦克的作业
13	给	gěi	动	to give	给老师；给学生

kèwén
课 文 Text

Tā qù Běijīng le
(一)他去北京了

Lǎoshī: Dàwèi zěnme méi lái shàng kè?
老师：大卫怎么没来上课？

Yàdāng: Tā zuótiān wǎnshang qù Běijīng le. Tā gēge lái Zhōngguó le.
亚当：他昨天晚上去北京了。他哥哥来中国了。

Lǎoshī: Tā shénme shíhou huílái?
老师：他什么时候回来？

Yàdāng: Tā méi shuō. Kěnéng jīntiān xiàwǔ huílái.
亚当：他没说。可能今天下午回来。

Lǎoshī: Hǎo, tā huílái qǐng nǐ gàosu tā, dì jiǔ kè de zuòyè gěi wǒ.
老师：好，他回来请你告诉他，第九课的作业给我。

Yàdāng: Hǎo de, lǎoshī.
亚当：好的，老师。

shēngcí
生 词 New Words

14	新	xīn	形	new	新书;新同学
15	现在	xiànzài	名	now	现在去哪儿

kèwén
课 文 Text

Nǐ zuò zuòyè le méiyǒu
(二)你做作业了没有

Dàwèi: Yàdāng, wǒ huílái le.
大卫:亚当,我回来了。

Yàdāng: Nǐ gēge hǎo ma?
亚当:你哥哥好吗?

Dàwèi: Tā hěn hǎo, xièxie. Jīntiān xué xīn kè le ma?
大卫:他很好,谢谢。今天学新课了吗?

Yàdāng: Xué le. Dì jiǔ kè de zuòyè nǐ zuò le méiyǒu?
亚当:学了。第九课的作业你做了没有?

Dàwèi: Méi zuò.
大卫:没做。

Yàdāng: Xiànzài zuò ba!
亚当:现在做吧!

Zhùshì
注 释 Notes

(1)大卫怎么没来上课?

"怎么"可以询问原因,含有说话人觉得意外、奇怪的意味。

"怎么"can be used to inquire about reason, and it indicates the speaker thinks something surprising and strange.

我们都知道，你怎么不知道？

中午你怎么不吃饭？

昨天晚上你怎么没回来？

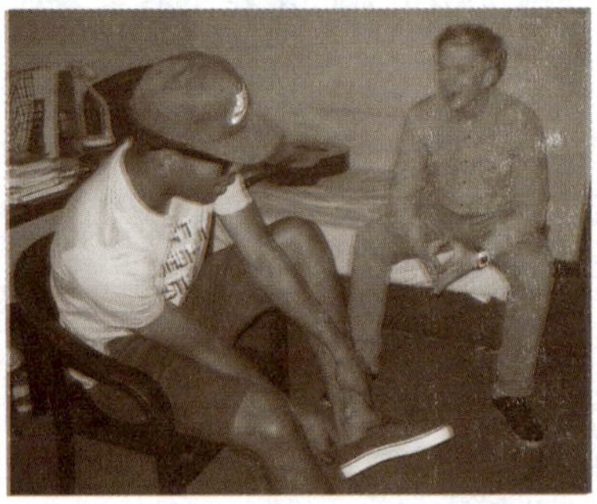

（2）第九课的作业给我。

第＋一/二/三……二十/三十/五十六……

第一 first　　第二 second　　第三 third　　……

我们去第三个饭馆儿吃饭。（We go to the third restaurant for meal.）
我们去三个饭馆儿吃饭。(We go to three restaurants for meal.)

亚当是他们家第二个孩子。
（Adam is their second child.）
＊第两

他是我第一个中国朋友。
(He is my first Chinese friend.)
他是我一个中国朋友。
(He is one Chinese friend of mine.)

yǔfǎ
语 法 Grammar

dòngtài zhùcí "le"
动态助词"了" The Aspect Particle"了"

"了"作为动态助词放在句末，常常表示事情已发生或者动作的完成。

The aspect particle"了"is used at the end of a sentence, indicating the happening of something and the completion of an action.

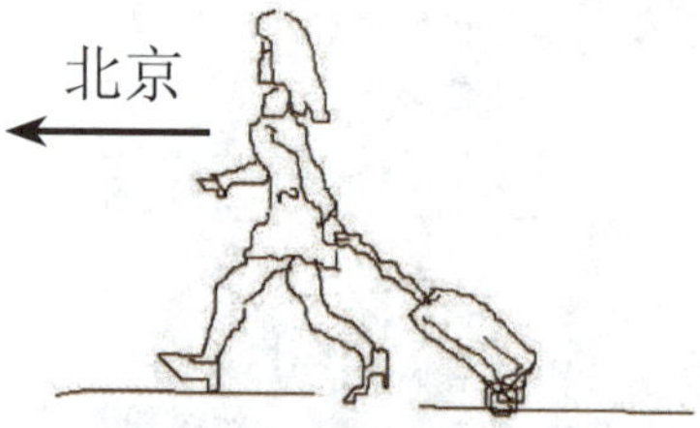

A: 玛丽怎么没来上课？
B: 她去北京了。

A: 安娜去哪儿了？
B: 她去买饭了。

A：大卫回来了吗？

B：回来了。他已经睡觉了。

肯定式（the affirmative form）

	S	+	V	+	O	+	了
	他		去		北京		了。
	他哥哥		来		中国		了。
今天	我们		学		新课		了。

否定式（the negative form）

	S	+	没（有）	+	V	+	O
	大卫		没（有）		来		上课。
	我		没（有）		做		作业。
中午	玛丽		没（有）		吃		饭。

不能说（can't say）：* 我没（有）去北京了。

疑问形式（the interrogative form）

S	+	V	+	O	+	了	+	吗？
你		做		作业		了		吗？
爸爸		回来				了		吗？
王先生		吃		饭		了		吗？

S	+	V	+	O	+	了	+	没有？
你		做		作业		了		没有？
爸爸		回来				了		没有？
王先生		吃		饭		了		没有？

liànxí
练　习　Exercises

一、读一读并记住下面的句子　Read and Remember the Following Sentences

他去北京了。
大卫没来上课。
今天学新课了吗？
你做作业了没有？
大卫怎么没来上课？

二、辨别声母　Initial Discrimination

sāng—shāng	cóng—chóng	ròu—yòu
jí—qí	xì—sì	zhí—chí
qún—lún	xiè—qiè	liú—niú

三、辨别声调　Tone Discrimination

shī — shì	xiān — xiàn	zhā—zhá
jiǔ — jiù	suí — suì	gāo—gǎo
gǒu — gòu	méi — mèi	yōng—yòng

四、认读词语　Read and Learn

xǐhuān	lěngjìng	Yīngyǔ	zěnme
bù duō	bù tóng	bù kě	bú cuò
xiǎo chuánr	guān ménr	shùyèr	yǒu kòngr

yì jīn　　yì qún　　yì wǎn　　yí gè

五、读一读下面的短句　Read the Following Sentences

Qǐng ānjìng.

Qǐng gěi wǒ zuòyè.

Qǐng zài dú yí biàn.

Zhùyì shēngdiào.

Dà yìdiǎnr shēngyīn.

六、朗读词组　Read the Following Phrases

没回来	没下课	没说	没写
去北京了	回家了	吃饭了	上课了
吃饭了没有	做作业了没有	回来了没有	学新课了没有

七、替换练习　Substitution Drills

1. 你怎么没来上课？

他	不去食堂
爸爸	不睡觉
玛丽	没吃饭
王先生	没回家

2. 他 去北京了。

大卫	回房间
老师	去朋友家
他的儿子	去学校
妈妈	去饭店

3. 大卫没来上课。

玛丽	吃饭
他的朋友	做作业
王先生	去北京
爸爸	回家

4. 你吃饭了没有?

他哥哥	来中国
大卫	做作业
你们	学新课
你的女儿	回来

5. 今天学习第十课。

五	九	十三	二十一

八、选词填空 Choose the Proper Word for Each of the Blank

第	可能	时候	昨天	时间	现在

例如:明天你有____时间____吗?

1. 妈妈,我现在很饿,什么____________吃饭?
2. 我猜他____________是美国人。
3. 老师,____________学习新课吗?
4. ____________你去大卫家了没有?
5. 明天学习____________十一课。

九、回答问题 Answer the Questions

1. 大卫今天去上课了吗?

____

2. 你昨天晚上去哪儿了？

____

3. 你们学习第十课了没有？

____

4. 上午你做什么了？

____

5. 妹妹做作业了吗？

____

十、改错句　Correct the Sentences

1. 我们上课了现在。

____

2. 大卫没有读课文了。

____

3. 他女儿昨天不来上课。

____

4. 今天下午我不有时间。

____

5. 玛丽是她第两个女儿。

____

十一、组句　Construct Sentences

1. 吃饭　　了　　你　　没有

____

2. 昨天　　北京　　张医生　　去

____

3. 作业　　时间　　我　　做　　没有

____

4. 回　　什么时候　　他妻子　　天津

____

5. 了　　你们　　学新课　　没有　　今天

6. 晚上　　没有　　哥哥　　睡觉　　昨天

7. 儿子　　写　　不　　喜欢　　汉字

8. 怎么　　上课　　亚当　　来　　没

十二、读句子，选图　Read the Following Sentences and Choose the Proper Pictures

A

B

C

D

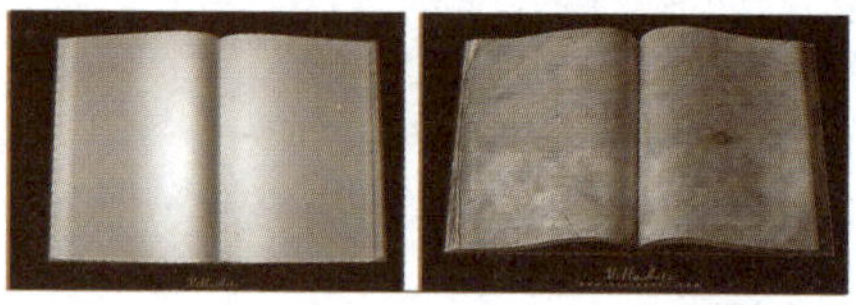

E

F

例如：她们走路去上课。　[B]

1. 我的书很新，他的书不新。　[ ]
2. 老师给学生们起中文名字。　[ ]
3. 玛丽做作业了，你呢？　[ ]
4. 天津晚上真漂亮！　[ ]
5. 安娜告诉他什么了？　[ ]

十三、问答匹配　Match the Questions and the Answers

例如：星期天你做什么？	E	A. 没有，下午给他。
1. 大卫回房间了没有？		B. 明天上午吧。
2. 你昨天晚上去哪儿了？		C. 学新课了。
3. 作业给老师了吗？		D. 回来了。
4. 今天上课做什么了？		E. 去北京玩儿。
5. 你什么时候去北京？		F. 去我姐姐家了。

十四、写一写　Write the Characters

了　时　作　昨　业　给　现　在　告　书　字　玩

了	了	了			时	时	时		
作	作	作			昨	昨	昨		
业	业	业			给	给	给		
现	现	现			在	在	在		
告	告	告			书	书	书		
字	字	字			玩	玩	玩		

dì shíyī kè

第十一课

Wǒmen mǎile yìxiē shuǐguǒ

我们买了一些水果

shēngcí

生 词 New Words

1	苹果	píngguǒ	名	apple	一个苹果;吃苹果
2	多少	duōshǎo	代	how many; how much	吃多少
3	少	shǎo	形	few; less	很少;不少
4	钱	qián	名	money	多少钱;没有钱
5	斤	jīn	量	*jin* (a measure word of weight; 1 *jin* is equal to 500g)	多少斤;两斤
6	块	kuài	量	*kuai* (a measure word of basic Chinese monetary unit)	几块;两块
7	毛	máo	量	*mao* (10 *mao* is equal to 1 *kuai*)	五毛
8	分	fēn	量	*fen* (10 *fen* is equal to 1 *mao*)	五分

9	元	yuán	量	*yuan* (a measure word of basic Chinese monetary unit, another way of "*kuai*")	一百元
10	角	jiǎo	量	*jiao* (another expression way of "*mao*")	三角
11	贵	guì	形	expensive	很贵;不贵
12	卖	mài	动	to sell	卖什么;卖书
13	买	mǎi	动	to buy	买什么;不买
14	要	yào	动	to want (to buy)	要什么;不要
15	西瓜	xīguā	名	watermelon	买西瓜;吃西瓜
16	便宜	piányi	形	cheap	很便宜;便宜吗
17	一点儿	yìdiǎnr		a little; a bit	吃一点儿
18	一共	yígòng	副	altogether	一共多少钱

kèwén
课 文 Text

Píngguǒ duōshao qián yì jīn
(一)苹果多少钱一斤

Dàwèi: Nín hǎo, píngguǒ duōshao qián yì jīn?
大卫:您好,苹果多少钱一斤?

Āyí: Wǔ kuài qián yì jīn.
阿姨:五块钱一斤。

Dàwèi: Tài guì le. Wǒ péngyou zuótiān mǎile yì jīn, sì kuài wǔ.
大卫:太贵了。我朋友昨天买了一斤,四块五。

Āyí: Shì ma? Wǒ yě sì kuài wǔ ba, nǐ yào duōshao?
阿姨:是吗?我也四块五吧,你要多少?

Dàwèi: Wǒ mǎi sān-sì jīn ba. Xīguā zěnme mài?
大卫:我买三四斤吧。西瓜怎么卖?

Āyí: Xīguā liǎng kuài wǔ yì jīn.
阿姨:西瓜两块五一斤。

Dàwèi: Hǎo, lái sān jīn píngguǒ, hái yào yí ge xīguā.
大卫:好,来三斤苹果,还要一个西瓜。

Āyí: Yígòng sānshíbā kuài wǔ.
阿姨:一共三十八块五。

Ālǐ : Nín kàn, wǒmen dōu shì xuésheng, méiyǒu tài duō qián, piányi diǎnr ba.
阿里：您看，我们都是学生，没有太多钱，便宜点儿吧。

Āyí : Hǎo ba, yígòng sānshíbā kuài.
阿姨：好吧，一共三十八块。

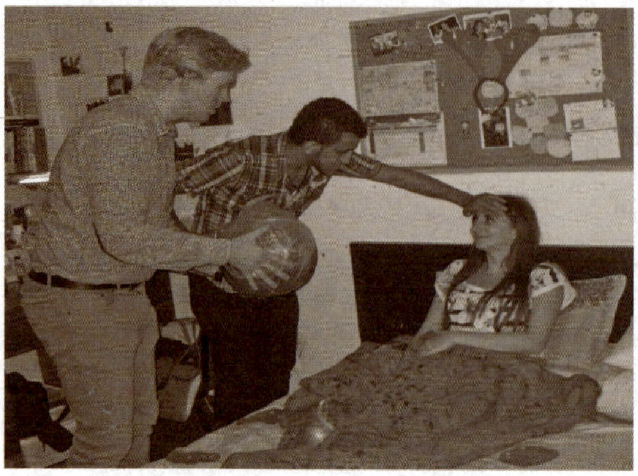

shēngcí
生词 New Words

19	一些	yìxiē		some; several	一些书；一些人
20	水果	shuǐguǒ	名	fruit	买水果；吃水果
21	病	bìng	动 / 名	to be ill; illness	他病了；没有病
22	面条儿	miàntiáor	名	noodles	吃面条儿
23	鸡蛋	jīdàn	名	egg	几个鸡蛋；买鸡蛋

kèwén
课文 Text

Wǒmen mǎile yìxiē shuǐguǒ
(二)我们买了一些水果

（大卫和阿里拿着水果去看望生病的玛丽）

Dàwèi : Mǎlì, nǐ de bìng hǎo diǎnr le ma?
大卫：玛丽，你的病好点儿了吗？

Mǎlì : Hǎo duō le. Xièxie nǐmen lái kàn wǒ.
玛丽：好多了。谢谢你们来看我。

Ālǐ : Nǐ chī fàn le ma?
阿里：你吃饭了吗？

Mǎlì : Chīle yìdiǎnr miàntiáor , yí ge jīdàn .
玛 丽：吃 了 一 点 儿 面 条 儿 ， 一 个 鸡 蛋 。

Dàwèi : Wǒmen mǎile yìxiē shuǐguǒ .
大 卫：我 们 买 了 一 些 水 果 。

Mǎlì : Tài kèqi le ! Xièxie nǐmen !
玛 丽：太 客 气 了 ！ 谢 谢 你 们 ！

bǔchōng shēngcí
补充生词 Supplementary Words

1	本	běn	量	a measure word of book, dictionary, etc.	一本书；两本书
2	服务员	fúwùyuán	名	waiter; waitress	他是服务员
3	生病	shēng bìng		to be sick; to be ill	他生病了；没生病
4	药	yào	名	medicine	吃药了没有；吃一些药
5	香蕉	xiāngjiāo	名	banana	吃香蕉；一个香蕉

文化小贴士 Tips for Culture

中国货币的表达法

中国的钱叫人民币，单位有“元”“角”“分”。口语中常说“块”“毛”“分”。

1 元（块）= 10 角（毛）= 100 分

num.+ 元 / 块	26 元 / 块	¥26
num.+ 元 / 块 +num.+ 角 / 毛	26 元 / 块 5 角 / 毛	¥26.5
num.+ 角 / 毛 +num.+ 分	7 角 / 毛 5 分	¥0.75
num.+ 元 / 块 +num.+ 角 / 毛 +num.+ 分	38 元 / 块 4 角 / 毛 5 分	¥38.45

yǔfǎ
语 法 Grammar

yíwèn dàicí "duōshao"
一、疑 问 代 词 "多 少" Interrogative Pronoun "多少"

多少	+	(measure word)	+	N
多少				钱？
多少		（个）		人？
多少		（本）		书？
多少				斤？

※“多少”和“几”

(1)“多少”代表的数目可大可小;“几”常代表 1~9 的数字。

“多少” can be used to ask any number, and“几”usually indicates a number of 1-9.

你家有几口人?

你有几本中文书?

玛丽有多少(个)同学?

苹果一斤多少钱?

(2)“多少”和名词可以直接组合,中间可以不用量词;“几”和名词之间一定要用量词。

“多少” can be used directly before a noun without a classifier, while“几”is used before a noun, a classfier is needed in-between.

下面的句子不对(The following sentences are incorrect):

* 1. 你有几中文书?

* 2. 你有几姐姐？

二、“了”(le) 在(zài) 动词(dòngcí) 后(hòu) Verb+“了”

“动词 + 了”表示动作的完成，常常强调完成了多少“量”。

“Verb+ 了”indicates the completion of an action, and the numeral-classifier phrase is required before object to emphasize“quantity”.

V	+ 了	+ num.	+ MW	+ O
我朋友 买	了	两	斤	苹果。
我们 买	了	一	些	水果。
玛丽 吃	了	三	个	鸡蛋。
你 看	了	几	本	书？

※ 宾语前面有数量词时，“了”要放在动词后、数量词前。

When a numeral-classifier phrase is used before an object, “了” should be put between the verb and the numeral-classifier phrase.

下面的句子不对 (The following sentences are incorrect):

* 1. 我看两本书了。

* 2. 我买一斤苹果了。

三、概数(gàishù) 的(de) 表达(biǎodá) Ways to Express Approximate Number

两个相邻的数字连用可以表示概数。

Using two adjacent numerals together can express an approximate number.

相邻

num.1 + num.2

(较小的一个数) (较大的一个数)

我	买	三	四	斤	吧。
他	有	五	六	个	中国朋友。
他的儿子		十七	八	岁。	

（1）“九”“十”不能连用表示概数，这个意思可以用“十来 + 量词”表示。例如：

“九”,“十” can’t be used together to express an approximate number, and “十来 +classifier” can be used. e.g.:

十来岁　　十来天　　十来个

（2）“十”“十一”不能连用。

“十”, “十一”can’t be used together to express an approximate number.

大于“十一”的概数，要用下面形式表示。例如：

If the numeral is greater than 11, it should be indicated in the following forms.e.g.:

十一二个　　八九百块　　五六千个

liànxí
练　习　Exercises

一、读一读并记住下面的句子　Read and Remember the Following Sentences

苹果多少钱一斤？

西瓜怎么卖？

我买三四斤吧。

我朋友买了一斤苹果。

我们买了一些水果。

我吃了一个鸡蛋。

二、朗读词组　Read the Following Phrases

一斤苹果	两本书	三个鸡蛋	一些水果
买了两个西瓜	吃了一点儿面条	看了三本书	写了几个字
两三个人	四五斤苹果	十五六个学生	七八百块钱

三、替换练习 Substitution Drills

1. 我们 买了一些水果。

张东	看	两本书
玛丽	吃	一个鸡蛋
哥哥	认识	一个服务员
王先生	买	一些药

2. A：苹果一斤多少钱？

   B：五块。

西瓜一斤	两块五
鸡蛋一斤	四块
香蕉一斤	五块
这本书	二十七块五

3. 昨天 玛丽 生病了。

今天早上	妈妈	吃药
上午	麦克	买水果
中午	哥哥	回家
昨天下午	姐姐	去北京

4. 我要两斤 苹果。

三斤	鸡蛋
一个	西瓜
一斤	香蕉
五本	汉语书

四、用概数回答问题 Answer the Questions with Approximate Numbers

例如：麦克今年多大？　　十八九岁。

1. 昨天妈妈买了多少苹果?

____

2. 你今天吃了几个鸡蛋?

____

3. 你有多少个同学?

____

4. 你弟弟有多少本中文书?

____

5. 这些水果多少钱?

____

五、完成对话 Complete the Following Dialogues

1. A: ______________________________?

   B: 苹果一斤五块钱。

2. A: ______________________________?

   B: 我买三四斤吧。

3. A: 你吃饭了吗?

   B: ______________________________。

4. A: 西瓜怎么卖?

   B: ______________________________。

5. A: 你身体好点儿了吗?

   B: ______________________________。

六、组句 Construct Sentences

1. 怎么　一斤　卖　鸡蛋

____

2. 孩子　张先生的　了　生病

____

3. 没　水果　昨天　他妻子　买

____

4. 学习　　第十一课　　我们　　现在

____

5. 吃　　怎么　　玛丽　　饭　　没

____

6. 一本　　昨天　　新书　　麦克　　买了

____

7. 女儿　　小狗　　儿子　　和　　都喜欢

____

8. 回　　爸爸　　什么时候　　家

____

七、用"吗""几"或"多少"提问　Ask Questions with "吗", "几" or "多少"

1. 大卫有很多中国朋友。

____

2. 玛丽有两个弟弟。

____

3. 他的妹妹真漂亮。

____

4. 张先生的妻子昨天生病了。

____

5. 他的儿子昨天没吃药。

____

6. 我们今天没学习新课。

____

7. 哥哥今天买了一斤鸡蛋。

____

8. 苹果一斤四块钱。

____

八、读句子，判断正误 Read the Following Sentences and Decide Which One Is True and Which One Is False

例如：

今天是星期六。

★ 昨天是星期五。 (√)

王林是大卫的中国朋友。

★ 王林是留学生。 (×)

1. 王老师买了一斤苹果。

★ 王老师买苹果了。 (   )

2. 大卫：我买四五斤吧。

★ 大卫可能买四斤，也可能买五斤。 (   )

3. 张东：我猜亚当可能十八九岁吧。

★ 张东知道亚当多大。 (   )

4. 玛丽，你身体好点儿了吗？

★ 玛丽身体很好。 (   )

5. 安娜有很多中国朋友。

★ 安娜的中国朋友不少。 (   )

九、句子匹配 Sentences Matching

A. 一共多少钱？

B. 不喜欢香蕉。

C. 我要两斤苹果。

D. 我们买些水果去看她吧。

E. 我买了两斤鸡蛋。

F. 她去中国朋友家。

例如：明天安娜去北京。 [F]

1. 还要一斤香蕉。 [ ]

2. 没买水果。 [ ]

3. 我喜欢苹果和西瓜。 [ ]

4. 三十六块五，你给三十六吧。 [ ]

5. 玛丽生病了。 [ ]

十、课堂活动 Classroom Activities

问一问你的同学，他今天买东西了吗？买了什么？吃饭了吗？吃了什么？

例如：苹果	亚当买了一斤苹果。
1	
2	
3	
4	
5	
6	
7	

十一、写一写 Write the Characters

果 多 少 钱 要 买 卖 贵 斤 毛 分 元

果	果	果			多	多	多		
少	少	少			钱	钱	钱		
要	要	要			买	买	买		
卖	卖	卖			贵	贵	贵		
斤	斤	斤			毛	毛	毛		
分	分	分			元	元	元		

dì shí'èr kè

第十二课

Xiànzài jǐ diǎn

现在几点

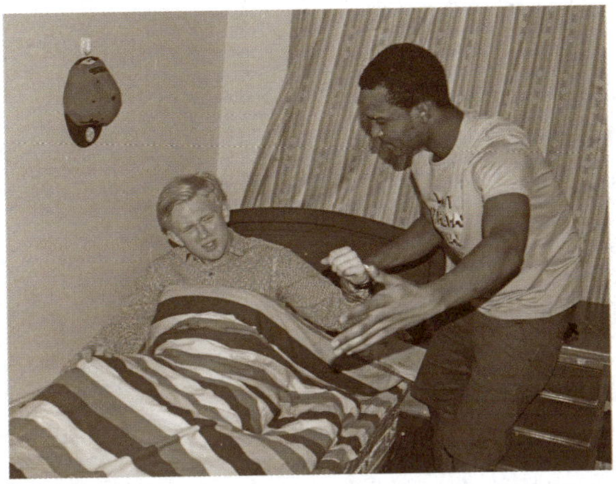

shēngcí

生 词 New Words

1	点	diǎn	量	o'clock; hour	一点；两点；现在几点
2	分	fēn	量 / 名	minute	两点十分
3	早	zǎo	形	early	很早；不早
4	起床	qǐ chuáng		to get up	他起床了；他没起床
5	手机	shǒujī	名	mobile phone	我的手机；手机不大
6	月	yuè	名	month	几月；五月
7	号	hào	名	date	几月几号；六月一号
8	上	shàng	名	on; at	手机上；书上

kèwén

课 文 Text

Xiànzài jǐ diǎn

(一)现在几点

(大卫和亚当是同屋,亚当起床了,大卫还在床上躺着)

Yàdāng: Dàwèi, Dàwèi, nǐ kànkan xiànzài jǐ diǎn le?
亚当:大卫,大卫,你看看现在几点了?

Dàwèi: Bā diǎn líng wǔ fēn, hái hěn zǎo ne.
大卫:八点零五分,还很早呢。

Yàdāng: Wǒmen bā diǎn bàn shàng kè, nǐ zěnme hái bù qǐ chuáng?
亚当:我们八点半上课,你怎么还不起床?

Dàwèi: Péngyou, jīntiān shì xīngqīliù.
大卫:朋友,今天是星期六。

Yàdāng: Bú shì, nǐ kànkan shǒujī, jīntiān shì shí yuè shíqī rì, xīngqīwǔ.
亚当:不是,你看看手机,今天是十月十七日,星期五。

Dàwèi: Shì ma? Wǒ kànkan...
大卫:是吗?我看看……

(起来看看亚当的手机)

Bú duì, nǐ de shǒujī shang shì èrlíngyīsì nián, jīnnián shì èrlíngyīwǔ nián.
不对,你的手机上是2014年,今年是2015年。

shēngcí
生　词　New Words

9	小姐	xiǎojiě	名	Miss; lady	王小姐；张小姐
10	张	zhāng	量	(a measure word of ticket, photo, map, etc.)	一张票；两张照片
11	火车票	huǒchēpiào	名	train ticket	买火车票
12	火车	huǒchē	名	train	坐火车
13	票	piào	名	ticket	一张票；买票
14	等	děng	动	to wait	等我；等他
15	一下	yíxià		a moment(used after a verb to indicate a brief action)	等一下；看一下
16	刻	kè	量	a quarter	九点一刻
17	差	chà	动	to be short of	差十分两点；差一刻七点
18	到	dào	动	to arrive	到天津；到上海

kèwén
课　文　Text

Mǎi huǒchēpiào
（二）买火车票

Dàwèi: Xiǎojiě, nǐ hǎo. Wǒ mǎi yì zhāng qù Shànghǎi de huǒchēpiào.
大卫：小姐，你好。我买一张去上海的火车票。

Shòupiàoyuán: Nǐ hǎo, nǐ yào jǐ hào de?
售票员：你好，你要几号的？

Dàwèi: Jiǔ yuè sānshí hào de.
大卫：9月30号的。

Shòupiàoyuán: Qǐng děng yíxià... Jiǔ yuè sānshí hào, yào jǐ diǎn de?
售票员：请等一下……9月30号，要几点的？

Dàwèi: Yǒu shàngwǔ de ma?
大卫：有上午的吗？

Shòupiàoyuán: Duìbuqǐ, méiyǒu shàngwǔ de. Yǒu zhōngwǔ shí'èr diǎn
售票员：对不起，没有上午的。有中午十二点

yí kè de, xiàwǔ chà shí fēn liù diǎn dào Shànghǎi.
一刻的，下午差十分六点到上海。

Dàwèi: Hǎo ba, lái yì zhāng.
大卫：好吧，来一张。

bǔchōng shēngcí
补充生词 Supplementary Words

1	日	rì	名	date	几月几日；十月十七日
2	照片	zhàopiàn	名	photo	一张照片；老师的照片
3	地图	dìtú	名	map	一张地图；中国地图

yǔfǎ
语法 Grammar

shíkè biǎodáfǎ
一、时刻表达法 Ways of Expressing a Particular Point of Time

X	+	点	+	Y（分）

2:10 → 两 点 十分

12:35 → 十二 点 三十五（分）

15:37 (3:37 pm) → 十五 点 三十七（分）

（或者 下午 三 点 三十七（分））

※ 当分钟数大于 10 分时，可以不用“分”字。

When the minute number is more than 10,“分”can be omitted.

6:05 →六点零五分 六点五分

9:15 →九点十五（分） 九点一刻

10:30 →十点三十（分） 十点半

7:45 →七点四十五（分） 七点三刻 差一刻八点

2:55 →两点五十五（分）　　　差五分三点

二、日期表达法 Ways of Expressing Date

rìqī biǎodáfǎ

汉语里，表达日期的顺序是年、月、日、时。

In Chinese, a date is expressed in the sequence of year, month, day, and time.

年	—	月	—	日	—	点
year	—	month	—	day	—	time

2015 年	10 月	17 日	八点零五分
1992 年	8 月	26 日	两点半

※ 年份的读法：直接读出每一数位上的数字最后加“年”。

The way of reading a particular year : reading the numerals one by one directly, and adding“年” at the end.

1954 年（一九五四年，yījiǔwǔsì nián）

2015 年（二零一五年，èrlíngyīwǔ nián）

※ 月份的读法：直接读出数字然后加“月”。

The way of reading a particular month : reading the numerals directly, and adding“月” at the end.

10 月（十月，shí yuè）

11 月（十一月，shíyī yuè）

※ 日的读法：直接读出数字然后加“日”或“号”。

The way of reading a particular day : reading the numerals directly, and adding“日”or“号” at the end.

8 日（八日，bā rì；八号，bā hào）

15 日（十五日，shíwǔ rì；十五号 shíwǔ hào）

26 日（二十六日，èrshíliù rì；二十六号，èrshíliù hào）

注意：书面语常说“日”，口语里常说“号”。

Note：“日”is usually used in the written language, and“号”is usually used in the spoken language.

三、问（wèn）时间点（shíjiāndiǎn） Ways of Asking about Time

（一）几点（jǐ diǎn, what time is it）

1. 现在几点？

2. 你几点吃饭？

（二）星期几（xīngqījǐ, what day is it）

1. 今天星期几？

2. 你星期几有时间？

（三）几月几日 / 号（jǐ yuè jǐ rì/hào, what is the date）

1. 今天几月几日 / 号？

2. 王小姐几月几日 / 号去美国？

（四）什么时候（shénme shíhou, when）

1. 你弟弟什么时候回来？

2. 我们什么时候学习第 13 课？

练习（liànxí） Exercises

一、读一读并记住下面的句子 Read and Remember the Following Sentences

现在几点？

今天是几月几号？

今天是十月十七日星期五。

我们八点半上课。

下午差十分六点到上海。

我买一张去上海的火车票。

二、朗读词组 Read the Following Phrases

八点	七点半	两点十分	五点二十
一点零五分	九点零三分	三点一刻	四点三刻
差十分五点	差一刻六点	差五分十点	差八分十二点
1998 年	1876 年	1973 年	2008 年
9 月 30 日	10 月 15 日	2 月 16 日	7 月 18 日

三、看图，用汉语说出正确的时间 Read out the Following Time According to the Pictures

四、替换练习 Substitution Drills

1. A：现在几点？

   B：现在<u>六点半</u>。

八点零五分
十一点十分
三点一刻
差五分两点

2. A：今天是几月几号？

B：今天是十月十七日 星期六。

昨天	十月十六日	星期五
明天	十月十八日	星期日
后天	十月十九日	星期一
前天	十月十五日	星期四

3. A：你几点上课？

B：我八点半 上课。

回家	五点
吃饭	十二点半
睡觉	十点
吃药	六点半

4. A：王老师什么时候去美国？

B：他明天下午 去美国。

到天津	今天晚上
回国	明天早上
去上海	后天上午
回家	晚上六点

五、连线 Match

1. 今天几号？
2. 你几点睡觉？

A. 我十二点睡觉。

B. 今天星期六。

3. 你朋友什么时候来？

4. 今天星期几？

C. 今天9月30号。

D. 他明天晚上来。

六、用“几点”“什么时候”“几月几号”“星期几”提问 Ask Questions with “几点”, “什么时候”, “几月几号”, “星期几”

1. 同学们星期六不上课。

____

2. 张老师今天下午有时间。

____

3. 王医生晚上十一点半睡觉。

____

4. 大卫早上七点一刻起床。

____

5. 他女儿11月25日去上海。

____

6. 我哥哥后天早上到天津。

____

7. 玛丽星期日去朋友家玩。

____

8. 他女儿六点半回房间看书。

____

七、组句 Construct Sentences

1. 星期　王先生　到　几　天津

____

2. 点　回　爸爸　几　家

____

3. 八号　去　上海　妻子　他的

____

4. 早上　　起床　　玛丽　　点　　几

____

5. 去　　明天下午　　朋友家　　大卫　　玩

____

6. 手机　　的　　漂亮　　张小姐　　真

____

7. 买了　　昨天　　我　　火车票　　一张

____

8. 二十一日　　今天　　五月　　是

____

八、读句子，判断正误 Read the Following Sentences and Decide Which One Is True and Which One Is False

例如：

今天是星期六。

★ 昨天是星期五。　　（ √ ）

王林是大卫的中国朋友。

★ 王林是留学生。　　（ × ）

1. 现在差一刻六点。

★ 现在五点四十五分。　　（　　）

2. 大卫差五分八点起床。

★ 大卫八点零五分起床。　　（　　）

3. 今天是 10 月 24 日，星期六。

★ 10 月 28 日是星期三。　　（　　）

4. 他们两点半到天津。

★ 他们两点三十到天津。　　（　　）

5. 我们中午坐火车去北京。

★ 我们去北京了。　　（　　）

九、句子匹配　Sentences Matching

A. 我下午去买火车票。

B. 你看漂亮吗？

C. 你怎么还不起床？

D. 请等一下，我看看。

E. 我们坐火车去吧。

F. 她去中国朋友家。

例如：明天安娜去北京。　　[F]

1. 今天是星期六，不上课。　　[ ]
2. 明天去上海。　　[ ]
3. 在中国，火车票不贵。　　[ ]
4. 我买了一个新手机。　　[ ]
5. 有上午的票吗？　　[ ]

十、看下面的列车时刻表，用学过的生词和语法说出句子　Make Sentences with Vocabulary and Grammar You Have Learned According to the Following Railway Timetable

看列车时刻表，买车票，说出来你买几月几号到哪里的票，几点出发，几点到达。

Look at the following railway timetable, and buy tickets. Please speak out when and where you go, departure time, and arrival time.

天津火车站列车时刻表				
车次	区间	出发时间	抵达时间	票价
C2204	天津—北京	7:02	7:40	二等座 ¥54.5 一等座 ¥65.5 特等座 ¥93.5 无座 ¥54.5

T122/T123	天津—广州	8:09	10:30（+1 天）	硬座 ¥254.5 硬卧 ¥464.5 软卧 ¥814.5 无座 ¥254.5
G211	天津—上海	9:31	14:34	二等座 ¥513.5 一等座 ¥868.5 商务座 ¥1623.5 无座 ¥513.5
T58/T55	天津—西安	13:25	5:13（+1 天）	硬座 ¥163.5 硬卧 ¥299.5 软卧 ¥456.5 无座 ¥163.5
G1208/G1205	天津—哈尔滨	10:47	17:03	二等座 ¥486 一等座 ¥741 商务座 ¥1514.5 无座 ¥486
G142	南京—天津	11:51	15:30	二等座 ¥393.5 一等座 ¥663.5 商务座 ¥1248.5 无座 ¥393.5
C2105	北京—天津	20:46	21:19	二等座 ¥54.5 一等座 ¥65.5 特等座 ¥93.5 无座 ¥54.5
Z186/Z187	深圳—天津	20:05	21:20（+1 天）	硬座 ¥254.5 硬卧 ¥464.5 软卧 ¥717.5 无座 ¥254.5

K546/K547	成都—天津	7:36	17:03（+1 天）	硬座 ¥243 硬卧 ¥444 软卧 ¥684 无座 ¥243

十一、写一写　Write the Characters

点　床　手　机　号　车　票　等　到　睡　觉　晚

点	点	点			床	床	床		
手	手	手			机	机	机		
号	号	号			车	车	车		
票	票	票			等	等	等		
到	到	到			睡	睡	睡		
觉	觉	觉			晚	晚	晚		

dì shísān kè

第十三课

Nǐ de sùshè zài nǎr

你的宿舍在哪儿

shēngcí

生词 New Words

1	边	biān	名	side	上边
2	里边	lǐbian	名	inside	
3	外边	wàibian	名	outside	
4	学校	xuéxiào	名	school	学校里边;学校外边
5	后面	hòumian	名	back	学校后面
6	住	zhù	动	to live	住学校里边;住外边
7	宿舍	sùshè	名	dormitory	我的宿舍
8	教室	jiàoshì	名	classroom	大卫的教室
9	楼	lóu	名	building	大楼;23 号楼
10	离	lí	介	from	离北京很近
11	远	yuǎn	形	far	离宿舍很远
12	就	jiù	副	just	就在五层

13	每	měi	代	every	每天；每人
14	这儿	zhèr	代	here	离这儿很远
15	公共汽车	gōnggòng qìchē	名	bus	坐公共汽车

kèwén
课文 Text

Nǐ de sùshè zài nǎr
(一)你的宿舍在哪儿

Wáng Míng: Dàwèi, nǐ zhù nǎr?
王明：大卫，你住哪儿？

Dàwèi: Wǒ zhù xuéxiào lǐbian. Nǐ ne?
大卫：我住学校里边。你呢？

Wáng Míng: Wǒ zhù xuéxiào wàibian. Nǐ de sùshè zài nǎr?
王明：我住学校外边。你的宿舍在哪儿？

Dàwèi: Wǒ de sùshè zài èrshísān hào lóu.
大卫：我的宿舍在二十三号楼。

Wáng Míng: Èrshísān hào lóu lí zhèr yuǎn bu yuǎn?
王明：二十三号楼离这儿远不远？

Dàwèi: Bù yuǎn, jiù zài wǒmen jiāoshì de hòumian.
大卫：不远，就在我们教室的后面。

Wáng Míng: Zhēn hǎo! Wǒ de sùshè lí zhèr hěn yuǎn.
王明：真好！我的宿舍离这儿很远。

Měitiān hěn zǎo qǐ chuáng, zuò gōnggòng qìchē lái xuéxiào!
每天很早起床，坐公共汽车来学校！

shēngcí
生 词 New Words

16	层	céng	量	floor	5层
17	欢迎	huānyíng	动	welcome	欢迎你

kèwén
课 文 Text

Huānyíng nǐ lái wǒ de sùshè
(二)欢迎你来我的宿舍

Wáng Míng: Dàwèi, zhè shì bu shì nǐ de sùshèlóu?
王 明:大卫,这是不是你的宿舍楼?

Dàwèi: Shì.
大 卫:是。

Wáng Míng: Nǐ de fángjiān zài jǐ céng?
王 明:你的房间在几层?

Dàwèi: Zài wǔ céng, fángjiānhào shì wǔlíngbā, huānyíng nǐ lái wǒ de sùshè wánr.
大 卫:在五层,房间号是508,欢迎你来我的宿舍玩儿。

Wáng Míng: Xièxie!
王 明:谢谢!

bǔchōng shēngcí
补 充 生 词 Supplementary Words

1	下	xià	名	down	下边
2	左边	zuǒbian	名	left	玛丽的左边
3	右边	yòubian	名	right	宿舍楼的右边

yǔfǎ
语 法 Grammar

“zài” zì jù
一、“在”字句 Sentences with “在”

“在”字句表示某特定事物存在的方位和处所。

Sentences with “在” are used to indicate the location of a definite object.

S（sth./sb.）	+ 在 +	O（location word）
邮局	在	图书馆东边。
你的宿舍	在	哪儿？
大卫	在	教室里边。
王老师	在	张老师后边。

fāngwèi biǎodá
二、方 位 表 达 Position Expressions

双音节方位词可以单独使用，也可以放在普通名词、人称代词后面和前面的词语共同表示处所。例如：

Double-syllable location word can be used alone, and can also be placed after the common nouns, personal pronouns to indicate the position. For example:

你在前边，他在后边。

我在玛丽左边，大卫在她右边。

注意：方位词或方位词组做主语的时候，前面一般不要用介词“在”。

Note : When a location word or phrase is used as a subject, “在” can not be used in front of it.

下面的句子不对（The following sentences are incorrect）：

* 1. 在左边有一个宿舍楼。

* 2. 在房间里边没有人。

三、正反问句 (zhèngfǎn wènjù) Affirmative-and-Negative Question

正反问句让听话人在“A”和“非 A”两个答案之间进行选择。

Affirmative-and-negative question is used to ask listeners to make a choice between “A” or “not A”.

1. 问现在或将来的情况。

To ask questions about what happens nowadays or in the future.

S	+	v./adj.	+	不 v./adj.	...?
你		累		不累	?
你		去		不去	北京?
他		吃		不吃	面条?

2. 问现在完成的情况或过去的情况。

To ask questions about what has been done or what happened before.

S	+	VP 了	+	没有?
大卫		来了		没有?
昨天你		去北京了		没有?
今天你		买水果了		没有?

练习 (liànxí) Exercises

一、读一读并记住下面的句子 Read and Remember the Following Sentences

你住哪儿?

我住学校里边。

他住学校外边。

我的房间在五层。

他的宿舍在 23 号楼。

23 号楼就在教室楼的后面。

二、朗读词组 Read the Following Phrases

宿舍里边	宿舍外边	教室后边	大卫左边
银行外边	邮局右边	王老师后边	王明后边
每天	每人	每位学生	每本书

三、替换练习 Substitution Drills

1. A：你住哪儿？

   B：我住学校里边。

他	三楼
王老师	学校外边
麦克	留学生楼
张东	学校里边

2. A：你的宿舍在哪儿？

   B：我的宿舍在 23 号楼。

他的宿舍	9 号楼
王老师的家	留学生楼后边
大卫的教室	二班教室的左边
玛丽和安娜的宿舍	学校里边

3. A：大卫在哪儿？

   B：大卫就在玛丽的后边。

妈妈	爸爸的右边
王老师	张老师的后边
王明	教室的后边
玛丽	安娜的左边

4. A：你的学校离这儿远不远？

   B：我的学校离这儿很远。

你的宿舍	这儿
大卫的学校	他的家
北京	上海
玛丽的教室	宿舍

5. A：这是不是你们的宿舍楼？

   B：这是我们的宿舍楼 。

这本书	玛丽的汉语书
大卫	在教室里边
宿舍楼的后边	教室
玛丽	安娜的姐姐

四、选词填空　Choose the Proper Word for Each of the Blank

教室	住	楼	离	宿舍	后面

1. 你家＿＿＿＿＿＿＿你的学校远不远？
2. 我住的＿＿＿＿＿＿不太大，但就在学校里边。
3. 玛丽＿＿＿＿＿＿＿的那个学生叫什么名字？
4. 你住哪个宿舍＿＿＿＿＿？
5. 每天下午没有课的时候我都在＿＿＿＿＿学习。
6. 今年三月我来到中国，现在＿＿＿＿＿在北京。

五、回答问题　Answer the Following Questions

1. 你现在在哪儿？

   ＿＿＿＿＿＿＿＿＿＿＿＿＿＿＿＿＿＿＿＿＿＿＿＿＿＿

2. 你爸爸现在在哪儿？

   ＿＿＿＿＿＿＿＿＿＿＿＿＿＿＿＿＿＿＿＿＿＿＿＿＿＿

3. 在教室里，谁在你前边？谁在你右边？

   ＿＿＿＿＿＿＿＿＿＿＿＿＿＿＿＿＿＿＿＿＿＿＿＿＿＿

4. 你的宿舍在哪儿？

____

5. 大卫的教室在哪儿？

____

6. 你是不是住在 23 号楼？

____

7. 你现在是不是住在北京？

____

六、组句　Construct Sentences

1. 书店　远　离　这儿　不太

____

2. 玛丽　在　大卫的　后边　就

____

3. 宿舍　在　是不是　王明的　五层

____

4. 来　学校　欢迎　我的　你们

____

5. 住　在　外边　学校　他

____

七、句子匹配　Sentences Matching

A. 妈妈坐在爸爸的右边。
B. 你的宿舍楼有多少层？
C. 你住在学校里边吗？
D. 玛丽现在在哪儿？
E. 欢迎你有时间来我的宿舍玩儿。
F. 她去中国朋友家。

例如：明天安娜去北京。　[F]

1. 她在教室学习呢。　[ ]

2. 爸爸在妈妈的左边。 □

3. 一共有八层。 □

4. 好啊，谢谢！ □

5. 不是，我住在学校外边。 □

八、交际练习 Communications

根据教室里学生们坐的位置，依次用“谁在哪儿？”“谁在谁的后边（右边、左边）？”等进行问答。

九、写一写 Write the Characters

礼 物 暑 假 想 表 衣 服 帮 茶

礼	礼	礼			物	物	物		
暑	暑	暑			假	假	假		
想	想	想			表	表	表		
衣	衣	衣			服	服	服		
帮	帮	帮			茶	茶	茶		

dì shísì kè

第十四课

Fùjìn yǒu Zhōngguó Yínháng ma

附近有中国银行吗

shēngcí

生词 New Words

1	附近	fùjìn	名	nearby	学校附近
2	银行	yínháng	名	bank	中国银行
3	从	cóng	介	from...	从宿舍到教室
4	往	wǎng	介	towards	往上看;往外走
5	路口	lùkǒu	名	intersection	十字路口
6	近	jìn	形	near	离食堂很近
7	拐	guǎi	动	to turn	往左拐;往右拐
8	米	mǐ	量	metre	一百米
9	座	zuò	量	(a classifier for building,mountain,etc.)	一座楼
10	白色	báisè	名	white	白色的手机

kèwén

课 文 Text

Wèn lù

(一)问 路

Mǎlì: Nín hǎo! Qǐng wèn fùjìn yǒu Zhōngguó Yínháng ma?
玛丽：您好！请问附近有中国银行吗？

Lùrén: Yǒu.
路人：有。

Mǎlì: Lí zhèr yuǎn ma?
玛丽：离这儿远吗？

Lùrén: Bù yuǎn, cóng zhèr wǎng qián zǒu, dào lùkǒu wǎng yòu guǎi, zǒu èr-sānshí mǐ, qiánmian yǒu yí zuò báisè dàlóu, dàlóu zuǒbian jiù shì Zhōngguó Yínháng.
路人：不远，从这儿往前走，到路口往右拐，走二三十米，前面有一座白色大楼，大楼左边就是中国银行。

Mǎlì: Xièxie nín!
玛丽：谢谢您！

Lùrén: Bú kèqi.
路人：不客气。

shēngcí

生 词 New Words

11	环境	huánjìng	名	environment	宿舍的环境
12	南边	nánbian	名	in the south	
13	医院	yīyuàn	名	hospital	医院北边；医院南边
14	北边	běibian	名	in the north	

15	商店	shāngdiàn	名	store	商店里面；商店外面
16	东边	dōngbian	名	in the east	
17	火车站	huǒchēzhàn	名	railway station	火车站东边；火车站西边
18	西边	xībian	名	in the west	
19	公园	gōngyuán	名	public garden; park	公园前面；公园后面
20	周围	zhōuwéi	名	surrounding	学校周围

kèwén
课 文 Text

Xuéxiào de huánjìng
（二）学 校 的 环 境

Wǒmen de xuéxiào hěn dà, hěn piàoliang, fùjìn de huánjìng yě hěn hǎo. Xuéxiào de nánbian yǒu yì jiā yīyuàn, běibian yǒu hěn duō shāngdiàn hé yínháng, dōngbian shì huǒchēzhàn, xībian yǒu yí ge hěn dà de gōngyuán. Wǒ jiā zài xuéxiào xībian, lí gōngyuán bù yuǎn, lí xuéxiào yě hěn jìn. Wǒ xǐhuān xuéxiào zhōuwéi de huánjìng.

我们的学校很大，很漂亮，附近的环境也很好。学校的南边有一家医院，北边有很多商店和银行，东边是火车站，西边有一个很大的公园。我家在学校西边，离公园不远，离学校也很近。我喜欢学校周围的环境。

bǔchōng shēngcí
补 充 生 词 Supplementary Words

1	红	hóng	形	red	红色
2	黑板	hēibǎn	名	blackboard	黑板上面；黑板下面

yǔfǎ
语 法 Grammar

"cóng" hé "wǎng"
一、"从"和"往" "从" and "往"

1. 从，介词，表示处所、时间的起点。

"从", a preposition, is used to indicate the starting point of position or time.

从 + location/time word + VP

从	这儿	去学校
从	上海	来北京
从	八点半	上课
从	医院	到火车站
从	这儿	往前走

2. 往，介词，表示事物运动的方向。

"往", a preposition, is used to indicate the direction of an object's moving.

往 + location word + V

往	前	走
往	右	拐
往	这边	来
往	那边	开

※ 介词词组常常放在动词前边做状语，一般不放在动词后面。

A prepositional phrase is often placed before a verb to be adverbial modifier. Generally do not put it after the verb.

下面的句子不对（The following sentences are incorrect）：

* 1. 他来北京从上海。

* 2. 我们上课从八点半。

* 3. 你拐往右边。

二、"有"字句（"yǒu" zì jù） Sentences with "有"（2）

"有"字句表示某地方有某个、某些不确定的人或者事物。

The sentence with "有" is used to indicate that there is an indefinite person/thing or some indefinite persons/things in some place.

S[location word] + 有 + 数量词 + O			
前面	有	一座	白色大楼
学校南边	有	一家	医院
学校北边	有	很多	商店和银行
学校西边	有	一个	公园

※ 下面的句子不对(The following sentences are incorrect):

* 1. 我前边有玛丽。

* 2. 北京有我的哥哥。

* 3. 前边有那本中文书。

三、"是"(“shì”) 字(zì) 句(jù) Sentences with "是"

"是"字句表示某个地方有某确定的人或者事物,宾语表示的事物是唯一的,或者是紧挨着主语表示处所的。

The sentence with "是" is used to indicate that there is a definite person or thing in some place. The thing which is expressed as the object, is the only one, or refers to the place that is close to the subject.

S[location word] + 是 + O[确定的事物]		
大楼左边	是	中国银行
学校东边	是	火车站
教室楼后边	是	我们的宿舍
玛丽前面	是	大卫

练习(liànxí) Exercises

一、读一读并记住下面的句子 Read and Remember the Following Sentences

我家在学校西边。

学校东边是火车站。

学校南边有一家医院。

请问，附近有中国银行吗？

中国银行离这儿不远。

从这儿往前走，到路口往右拐。

二、朗读词组　Read the Following Phrases

往前走	往右拐	往左拐
医院北边	商店南边	公园东边
大楼左边	银行右边	火车站西边
学校周围	学校附近	

三、选词填空　Choose the Proper Word for Each of the Blank

从	往	有	是	在

1. 请问__________学校到火车站怎么走？
2. 这座楼南边__________留学生宿舍楼。
3. 学校附近__________很多家银行。
4. 到前面路口__________左拐，你就能看到那家医院。
5. 火车站__________公园西边。

四、替换练习　Substitution Drills

1. 附近有中国银行。

银行北边	一座红楼
我家南边	一个公园
火车站西边	一家医院
学校周围	很多商店

2. 大卫<u>前边</u>是<u>玛丽</u>。

后边	彼得
左边	安娜
右边	杰克

3. 从<u>这儿</u>往<u>前走</u>。

我们学校	北走
这家商店	前开
火车站	左拐
9 号楼	右拐

五、句子匹配　Sentences Matching

A. 请问从这家医院去火车站怎么走？

B. 你的宿舍在哪儿？

C. 我家周围环境很好。

D. 我们的教室离宿舍不远。

E. 你坐 8 路公共汽车回去吧。

F. 她去中国朋友家。

例如：明天安娜去北京。　[F]

1. 我的宿舍在留学生楼 503。　[ ]
2. 这儿离学校有点儿远。　[ ]
3. 出了医院往右拐，再往前走，过了路口就是火车站。　[ ]
4. 从宿舍到教室，走路五分钟就到了。　[ ]
5. 我家在学校附近，楼下有花园、超市，还有银行。　[ ]

六、回答问题　Answer the Following Questions

1. 你们学校的东边有什么？西边？南边？北边？

____

2. 留学生楼的南边是什么地方？北边？东边？西边？

____

3. 从你的宿舍到学校东门怎么走？

____

4. 学校里边有银行吗？在哪儿？

____

七、组句 Construct Sentences

1. 火车站　一家　饭馆　有　北边

____

2. 书店　五层　的　是　这座楼

____

3. 医院　的　学校　在　东边

____

4. 宿舍　离　很远　我的　教室

____

5. 往东走　这儿　是　医院　从

____

八、说一说你家周围的环境 Talk about the Environment of Your Home

例如：楼下	我家楼下有一个小花园。
1. 东边	
2. 西边	
3. 南边	
4. 北边	

参考词语：银行、医院、商店、公园、火车站、教室、宿舍、学校

九、写一写 Write the Characters

银　往　拐　座　环　境　周　围　商　店

银	银	银			往	往	往		
拐	拐	拐			座	座	座		
环	环	环			境	境	境		
周	周	周			围	围	围		
商	商	商			店	店	店		

dì shíwǔ kè
第十五课

Nǐ de àihào shì shénme
你的爱好是什么

shēngcí
生 词 New Words

1	爱好	àihào	名/动	hobby; to like	我的爱好;爱好看书
2	喝	hē	动	to drink	喝水
3	牛奶	niúnǎi	名	milk	喝牛奶
4	咖啡	kāfēi	名	coffee	喝咖啡
5	水	shuǐ	名	water	热水;冷水
6	天气	tiānqì	名	weather	天气好;天气不好
7	热	rè	形	hot	天气热
8	冷	lěng	形	cold	天气冷

kèwén
课 文 Text

Wǒ xǐhuān hē kāfēi
(一)我 喜 欢 喝 咖 啡

Dàwèi : Mǎlì , nǐ xǐhuān hē shénme ?
大 卫: 玛 丽 , 你 喜 欢 喝 什 么 ?

Mǎlì: Wǒ xǐhuān hē niúnǎi, nǐ ne?
玛丽：我喜欢喝牛奶，你呢？

Dàwèi: Wǒ xǐhuān hē kāfēi.
大卫：我喜欢喝咖啡。

Mǎlì: Wǒ yǒu ge péngyou xǐhuān hē shuǐ, tiānqì rè de shíhou hē lěngshuǐ, tiānqì lěng de shíhou hē rèshuǐ.
玛丽：我有个朋友喜欢喝水，天气热的时候喝冷水，天气冷的时候喝热水。

Dàwèi: Shì ma?
大卫：是吗？

生词 New Words
shēngcí

9	最	zuì	副	most	最好；最大
10	电影	diànyǐng	名	movie	看电影
11	常常	chángcháng	副	usually	常常学习
12	运动	yùndòng	动	to do exercises	你喜欢什么运动
13	跑步	pǎobù	动	to run	我每天跑步
14	游泳	yóuyǒng	动	to swim	我喜欢游泳
15	打篮球	dǎ lánqiú		to play basketball	我喜欢打篮球
16	踢足球	tī zúqiú		to play football	我爱好踢足球

17	唱歌	chàng gē	离	to sing	她唱歌很好听
18	跳舞	tiào wǔ	离	to dance	今天晚上我去跳舞
19	大家	dàjiā	代	all; everybody	大家好
20	有意思	yǒu yìsi	形	interesting	学汉语很有意思
21	以后	yǐhòu	名	after	下课以后
22	尝	cháng	动	to taste	请尝尝这些水果
23	菜	cài	名	vegetable; dish	做菜

kèwén

课 文 Text

Nǐmen de àihào shì shénme

(二)你们的爱好是什么

Mǎlì: Ānnà, Dàwèi, nǐmen de àihào shì shénme?
玛丽:安娜,大卫,你们的爱好是什么?

Ānnà: Wǒ yǒu hěn duō àihào, zuì dà de àihào shì kàn diànyǐng, wǒ chángcháng kàn Zhōngguó diànyǐng.
安娜:我有很多爱好,最大的爱好是看电影,我常常看中国电影。

Dàwèi: Wǒ bù cháng kàn diànyǐng. Wǒ xǐhuān yùndòng, bú shàngkè de shíhou wǒ jiù qù pǎopao bù, yóuyou yǒng, dǎda lánqiú, tīti zúqiú.
大卫:我不常看电影。我喜欢运动,不上课的时候我就去跑跑步、游游泳、打打篮球、踢踢足球。

Ānnà: Dàwèi chàng gē tiào wǔ yě hěn hǎo.
安娜:大卫唱歌跳舞也很好。

Dàwèi: Nǎlǐ nǎlǐ. Mǎlì, nǐ xǐhuān kàn diànyǐng hé yùndòng ma?
大卫:哪里哪里。玛丽,你喜欢看电影和运动吗?

Mǎlì: Wǒ bù cháng kàn diànyǐng, yě hěn shǎo yùndòng, wǒ zuì xǐhuān kàn shū.
玛丽:我不常看电影,也很少运动,我最喜欢看书。

Ānnà: Mǎlì, dàjiā dōu shuō nǐ xǐhuān zuò fàn, shì ma?
安娜:玛丽,大家都说你喜欢做饭,是吗?

Mǎlì: Shì a, zuò fàn hěn yǒu yìsi. Nǐmen xǐhuān zuò fàn ma?
玛丽：是啊，做饭很有意思。你们喜欢做饭吗？

Ānnà: Wǒ bù xǐhuān.
安娜：我不喜欢。

Dàwèi: Wǒ xǐhuān chī fàn!
大卫：我喜欢吃饭！

Mǎlì: Hǎo, yǐhòu qǐng nǐmen qù chángchang wǒ zuò de cài.
玛丽：好，以后请你们去尝尝我做的菜。

Dàwèi: Tài hǎo le!
大卫：太好了！

Zhùshì
注释 Notes

哪里哪里

客套语，当受到别人的夸奖时，中国人习惯说“哪里哪里”，作为一种礼貌的回答。

A formula. While Chinese people are praised by others, “哪里哪里” is often used as a polite answer.

例如：

1. A：你汉语说得真好！
   B：哪里哪里！
2. A：你唱歌真好听！
   B：哪里哪里！

bǔchōng shēngcí
补充生词 Supplementary Words

1	爱	ài	动	to like; to love	我爱吃水果
2	羊肉	yángròu	名	mutton	吃羊肉
3	鱼	yú	名	fish	吃鱼
4	旅游	lǚyóu	动	travel	去上海旅游

yǔfǎ

语 法 Grammar

zuì

一、最 + adj. 最 + adj.

鸡蛋最小。

西瓜最大。

chángcháng

二、常 常 Often, Usually

它的反义词是“不常”(not often)或“很少”(seldom)。The negative of “常常” is “不常”, or “很少”.

例如：

安娜常常看电影。	安娜不常看电影。	安娜很少看电影。
玛丽常常做饭。	玛丽不常做饭。	玛丽很少做饭。
大卫常常运动。	大卫不常运动。	大卫很少运动。
我常常喝咖啡。	我不常喝咖啡。	我很少喝咖啡。

dòngcí chóngdié

三、动 词 重 叠 Verb Duplication

汉语中有些动词可以重叠，重叠后表示时间短、轻松随便的意思。

In Chinese, some verbs can be duplicated, which means that time is short or something is done in a casual way.

重叠形式 (The general form is as follows).

A ——	AA ——	A一A
看	看看	看一看
写	写写	写一写
问	问问	问一问

AB ——	ABAB
休息	休息休息
学习	学习学习

例如：

1. 这是你女朋友的照片吗？我看看。
2. 这是我做的菜，请你尝一尝。
3. 下课了，我们休息休息吧。

※ 已经发生的动作，重叠形式用"A 了 A"或者"AB 了 AB"。

For the action that has occurred, the duplication form is "A 了 A" or "AB 了 AB".

例如：

1. 他看了看手机，已经 10 点多了。
2. 下课后，我打扫（dǎsǎo）了打扫宿舍。

liànxí 练　习　Exercises

一、读一读并记住下面的句子　Read and Remember the Following Sentences

你喜欢喝什么？

我喜欢喝牛奶。

你的爱好是什么？

我最大的爱好是看电影。

我最喜欢看书。

我喜欢运动，不上课的时候我就去跑跑步、游游泳、打打篮球、踢踢足球。

二、朗读词组 Read the Following Phrases

爱好	喜欢	常常	电影	跑步	打篮球
踢足球	游泳	唱歌	跳舞	有意思	尝尝

三、写出下列词语的反义词 Write the Antonyms of the Following Words

冷—________　　常常—________　　有意思—________　　以后—________

四、选词填空 Choose the Proper Word for Each of the Blank

热	冷	爱好	运动	以后

1. 今天天气很 __________，有 38℃。
2. 我的 __________ 是看电影，我看过很多电影。
3. 外面有点 __________，还是多穿一点儿吧。
4. 我最喜欢的 __________ 是游泳，我每天都去游泳。
5. 来中国 __________，我认识了很多中国朋友。

五、替换练习 Substitution Drills

1. A：你的爱好是什么？
   B：我喜欢看电影。

大卫	运动
张明	唱歌
玛丽	看书
彼得	旅游

2. A：你喜欢喝什么？
   B：我喜欢喝牛奶。

大卫	咖啡
彼得	冷水
安娜	果汁（juice）
王老师	茶（tea）

3. A：你爱吃什么？

B：我爱吃鱼（fish）。

大卫	面条儿
安娜	羊肉
玛丽	饺子
张明	水果

六、读句子，判断正误 Read the Following Sentences and Decide Which One Is True and Which One Is False

1. 安娜：彼得，你想喝点儿什么？牛奶、咖啡还是茶？

   彼得：我最爱喝咖啡，不过这次我想尝尝这儿的牛奶。

★ 彼得想喝咖啡。（ ）

2. 周末我常常打篮球、踢足球，有时候去游泳，很少去看电影。

★ 周末我常常运动，不常看电影。（ ）

3. 学习了一个晚上，休息休息吧，别太累了。

★ 别学习了，休息一会儿吧。（ ）

4. 大卫：玛丽，你跳舞跳得真好！

   玛丽：哪里哪里！

★ 玛丽跳舞跳得不好。（ ）

七、用括号里的词语回答问题 Answer the Questions with the Words Given

1. 你有什么爱好？

______________________________（最）

2. 你喜欢学汉语吗？

______________________________（有意思）

3. 你喜欢什么运动？

______________________________（V+V）

4. 你爱吃中国菜吗？

______________________________（常常 / 不常）

八、组句 Construct Sentences

1. 喜欢　吃　不太　他　苹果

____

2. 爱好　的　是　我　游泳

____

3. 篮球　踢踢　打打　我们　足球　常常

____

4. 他们　吃饭　很少　食堂　去

____

5. 你的　说说　爱好　什么　是

____

九、和同学们谈论一下爱好，并记录下来 Talk about Your Hobbies with Your Classmates and Write Them Down

你喜欢的运动有哪些？	
你爱吃什么水果？	
你爱吃什么菜？	
你喜欢什么颜色（color）？	
你最喜欢的电影是什么？	
你最喜欢的歌是什么？	
你最想要去的地方是哪儿？	
周末（weekend）你常常做什么？	

十、写一写 Write the Characters

爱　喝　热　冷　最　常　跑　步　歌　舞

爱 爱 爱　　喝 喝 喝

热	热	热			冷	冷	冷		
最	最	最			常	常	常		
跑	跑	跑			步	步	步		
歌	歌	歌			舞	舞	舞		

dì shíliù kè

第十六课

Nǐ gěi māma mǎile shénme

你给妈妈买了什么

shēngcí

生 词 New Words

1	给	gěi	介	to; for	给他买书
2	礼物	lǐwù	名	gift	买礼物；生日礼物
3	周	zhōu	名	week	上周；下周
4	放暑假	fàng shǔjià		have a summer holiday	什么时候放暑假
5	想	xiǎng	动	to want to	我想吃面条
6	送	sòng	动	to give as a present	送礼物
7	件	jiàn	量	(classifier)article; piece	一件礼物

8	手表	shǒubiǎo	名	watch	一块手表
9	衣服	yīfu	名	clothes	一件衣服

kèwén
课 文 Text

Nǐ gěi māma mǎile shénme
(一)你给妈妈买了什么

Dàwèi: Bǐdé, nǐ xiàwǔ gàn shénme le?
大卫：彼得，你下午干什么了？

Bǐdé: Wǒ qù gěi māma mǎi lǐwù le. Xiàzhōu fàng shǔjià, huí guó de shíhou wǒ xiǎng sòng tā liǎng jiàn lǐwù.
彼得：我去给妈妈买礼物了。下周放暑假，回国的时候我想送她两件礼物。

Dàwèi: Nǐ gěi māma mǎile shénme?
大卫：你给妈妈买了什么？

Bǐdé: Wǒ gěi tā mǎile yí kuàir shǒubiǎo. Nǐ kàn!
彼得：我给她买了一块儿手表。你看！

Dàwèi: Zhè kuài shǒubiǎo zhēn piàoliang, hái mǎile shénme?
大卫：这块手表真漂亮，还买了什么？

Bǐdé: Wǒ hái gěi tā mǎile yí jiàn yīfu, xīwàng tā xǐhuān.
彼得：我还给她买了一件衣服，希望她喜欢。

shēngcí
生 词 New Words

10	希望	xīwàng	动	to hope	希望你喜欢这件礼物
11	生日	shēngrì	名	birthday	生日快乐
12	帮	bāng	动	to help	请帮我买本书
13	茶	chá	名	tea	喝茶
14	有名	yǒumíng	形	famous	有名的人;有名的地方
15	超市	chāoshì	名	supermarket	去超市

kèwén
课 文 Text

Nǐ māma xǐhuān shénme
(二)你妈妈喜欢什么

Ānnà: Xiàzhōu shì wǒ māma de shēngrì, nǐ bāng wǒ xiǎngxiang, wǒ sòng tā shénme hǎo ne?
安娜:下周是我妈妈的生日,你帮我想想,我送她什么好呢?

Mǎlì: Nǐ māma xǐhuān shénme?
玛丽:你妈妈喜欢什么?

Ānnà: Tā xǐhuān kàn shū, hái xǐhuān hē chá.
安娜:她喜欢看书,还喜欢喝茶。

Mǎlì: Nà jiù gěi tā mǎi cháyè ba, Zhōngguó de cháyè hěn yǒumíng.
玛丽:那就给她买茶叶吧,中国的茶叶很有名。

Ānnà: Zài nǎr mǎi cháyè ne?
安娜:在哪儿买茶叶呢?

Mǎlì: Xuéxiào wàibian de chāoshì jiù yǒu.
玛丽:学校外边的超市就有。

yǔfǎ
语 法 Grammar

jiècí cízǔ zuò zhuàngyǔ
一、介词词组做状语 Preposition Phrases Used as Adverbial Modifier

汉语中的介词常常用在名词、代词前面，构成介词词组，介词词组做状语时应该放在谓语动词前面。

Prepositions in Chinese are often used before nouns and pronouns to form preposition phrases. While a preposition phrase is used as adverbial modifier, it should be put before the predicate verb.

preposition	+ NP	+ VP
在	教室	学习
在	宿舍	睡觉
给	妈妈	买一块手表
给	我们	做饭

下面的句子不对（The following sentences are incorrect）：

* 1. 他学习在教室。

* 2. 大卫睡觉在宿舍。

* 3. 玛丽做饭给我们。

bǔchōng shēngcí
补 充 生 词 Supplementary Words

1	过	guò	动	to celebrate; to spend; to pass	过生日
2	快乐	kuàilè	形	happy	新年快乐

liànxí

练　习　Exercises

一、读一读并记住下面的句子　Read and Remember the Following Sentences

你给妈妈买了什么?

我给她买了一块儿手表。

还买了什么?

我还给她买了一件衣服。

你在哪儿买茶叶?

我在学校外面的超市买茶叶。

二、朗读词组　Read the Following Phrases

上周	下周	喝茶	喝水
希望	有名	茶叶	手表
送礼物	放暑假	一块手表	一件衣服

三、选词填空　Choose the Proper Word for Each of the Blank

送	希望	帮	有名	礼物	超市

1. 做饭很有意思,我喜欢 __________ 妈妈做饭。
2. 这是我第一次在中国过生日,我收到了很多 __________。
3. 我常常在楼下的 __________ 买东西,那里的东西很便宜。
4. 在中国,北京、上海、天津都是 __________ 的城市。
5. 昨天我的中国朋友 __________ 我一些茶叶。
6. 生日快乐! 这是我送你的书,__________ 你喜欢。

四、替换练习 Substitution Drills

1. 我 给 妈妈 买了一件衣服。

玛丽	我们	做饭
老师	学生	上课
安娜	妹妹	唱歌
爸爸	我	打电话

2. 我在超市 买茶叶。

大卫	教室	写作业
彼得	食堂	吃饭
姐姐	北京	工作
弟弟	上海	学习

五、句子匹配 Sentences Matching

A. 北京是个很有名的地方。

B. 我想送他一本书。

C. 你下午出去干什么了？

D. 在哪儿能买到这样的咖啡？

E. 下个月是我爸爸的生日，我想要回国。

F. 她去中国朋友家。

例如：明天安娜去北京。 [F]

1. 后天是大卫的生日。 [ ]
2. 在中国的城市里，我最喜欢北京。 [ ]
3. 学校的超市有很多咖啡，你可以去看看。 [ ]
4. 暑假你想做什么？ [ ]
5. 安娜生病了，我帮她买了一些药。 [ ]

六、组句 Construct Sentences

1. 爸爸　买　给　他　衣服

____

2. 在　中国　我　汉语　学习

____

3. 喜欢　这件　你　希望　礼物

____

4. 放　时候　你们　什么　暑假

____

5. 帮　买　我　请　一本书

____

七、课堂活动 Classroom Activities

用"在 +SP+v."说说一天的活动。Use"在 +SP+v."to talk about your whole day's activity.

例如： 我在宿舍吃早饭。

地点词语	**活动词语**
教室	上课
饭馆儿	下课
宿舍	复习
操场（cāochǎng，playground）	学习
图书馆（túshūguǎn，library）	休息
	运动
	看书
	打篮球

八、交际练习 Communications

快放假了，问一问回国的同学，他（她）给家人、朋友买了什么？

例如：妈妈	我给妈妈买了一块儿手表。
1. 爸爸	

2. 爷爷	
3. 奶奶	
4. 哥哥	
5. 姐姐	
6. 弟弟	
7. 妹妹	
8. 朋友	

参考词语：

花（huā）

蛋糕（dàngāo）

巧克力（qiǎokèlì）

杯子（bēizi）

书包（shūbāo）

中国结（Zhōngguójié）

九、写一写　Write the Characters

礼 物 暑 假 想 表 衣 服 帮 茶

礼 礼 礼　　物 物 物

暑 暑 暑　　假 假 假

想	想	想			
衣	衣	衣			
帮	帮	帮			

表	表	表			
服	服	服			
茶	茶	茶			

读写第一册总生词表

汉字	词性	拼音	课序	级别	汉字	词性	拼音	课序	级别
啊	助	a	7	三	大家	代	dàjiā	15	二
爱	动	ài	15	一	打篮球		dǎ lánqiú	15	二
爱好	名/动	àihào	15	三	到	动	dào	12	二
吧	助	ba	6	二	的	助	de	5	一
爸爸	名	bàba	2	一	等	动	děng	12	二
百	数	bǎi	7	二	第		dì	10	二
白色	名	báisè	14	二	弟弟	名	dìdi	8	二
半	数	bàn	8	三	地图	名	dìtú	12	三
帮	动	bāng	16	二	点	量	diǎn	12	一
北边	名	běibian	14	三	电影	名	diànyǐng	15	一
北京	名	Běijīng	6	一	东边	名	dōngbian	14	三
本	量	běn	11	一	都	副	dōu	6	一
边	名	biān	13	基础	读	动	dú	3	一
病	动/名	bìng	11	基础	对	形	duì	6	二
不	副	bù	2	一	对不起		duìbuqǐ	3	一
不客气		bú kèqi	3	一	多	代	duō	7	一
菜	名	cài	15	一	多少	代	duōshǎo	11	一
猜	动	cāi	7	四	饿	形	è	2	三
层	量	céng	13	三	儿子	名	érzi	8	一
茶	名	chá	16	一	饭	名	fàn	4	一
差	动	chà	12	三	饭馆儿	名	fànguǎnr	4	一
尝	动	cháng	15	三	房间	名	fángjiān	9	二
常常	副	chángcháng	15	基础	放暑假		fàng shǔjià	16	四
唱歌	离	chàng gē	15	二	分	量/名	fēn	11/12	三
超市	名	chāoshì	16	三	附近	名	fùjìn	14	三
称呼	动/名	chēnghu	5	五	服务员	名	fúwùyuán	11	二
吃	动	chī	4	一	告诉	动	gàosu	10	二
从	介	cóng	14	二	哥哥	名	gēge	8	二

续表

汉字	词性	拼音	课序	级别	汉字	词性	拼音	课序	级别
给	动/介	gěi	10/16	二	几	代	jǐ	4	一
公共汽车	名	gōnggòng qìchē	13	二	鸡蛋	名	jīdàn	11	二
					家	名	jiā	8	一
公园	名	gōngyuán	14	三	见	动	jiàn	9	三
狗	名	gǒu	8	一	件	量	jiàn	16	二
拐	动	guǎi	14	五	叫	动	jiào	5	一
贵	形	guì	11	二	角	量	jiǎo	11	三
贵姓		guìxìng	5	基础	教室	名	jiàoshì	13	二
国	名	guó	6	三	姐姐	名	jiějie	8	二
过	动	guò	16	二	介绍	动	jièshào	6	二
还	副	hái	8	二	斤	量	jīn	11	基础
孩子	名	háizi	8	二	进	动	jìn	3	二
汉语	名	Hànyǔ	4	一	近	形	jìn	14	二
好	形	hǎo	1	一	今年	名	jīnnián	7	基础
号	名	hào	12	二	今天	名	jīntiān	4	一
和	连	hé	8	一	九	数	jiǔ	7	一
喝	动	hē	15	一	就	副	jiù	13	二
黑板	名	hēibǎn	14	三	咖啡	名	kāfēi	15	二
很	副	hěn	2	一	看	动	kàn	3	一
红	形	hóng	14	三	可能	副	kěnéng	10	二
后面	名	hòumian	13	二	刻	量	kè	12	三
环境	名	huánjìng	14	二	课文	名	kèwén	9	基础
欢迎	动	huānyíng	13	一	口	名/量	kǒu	8	三
回	动	huí	9	一	块	量	kuài	11	一
回来	动	huílái	10	基础	快乐	形	kuàilè	16	二
火车	名	huǒchē	12	基础	来	动	lái	9	一
火车票	名	huǒchēpiào	12		老师	名	lǎoshī	3	一
火车站	名	huǒchēzhàn	14	一	了	助	le	10	一

续表

汉字	词性	拼音	课序	级别	汉字	词性	拼音	课序	级别
冷	形	lěng	15	一	名字	名	míngzi	5	一
离	介	lí	13	二	哪	代	nǎ	6	一
里边	名	lǐbian	13	一	哪里	代	nǎlǐ	6	基础
礼物	名	lǐwù	16	三	哪儿	代	nǎr	4	一
两	数	liǎng	8	二	那	代	nà	6	一
零	数	líng	7	一	奶奶	名	nǎinai	7	三
留学生	名	liúxuéshēng	6	基础	男	名	nán	6	基础
楼	名	lóu	13	三	南边	名	nánbian	14	三
路	名	lù	9	二	呢	助	ne	5	一
路口	名	lùkǒu	14	二	你	代	nǐ	1	一
旅游	动	lǚyóu	15	二	年级	名	niánjí	7	三
吗	助	ma	2	一	年纪	名	niánjì	7	五
妈妈	名	māma	2	一	您	代	nín	1	二
买	动	mǎi	11	一	牛奶	名	niúnǎi	15	二
卖	动	mài	11	二	女儿	名	nǚér	8	一
忙	形	máng	2	二	跑步	动	pǎobù	15	二
猫	名	māo	8	一	朋友	名	péngyou	5	一
毛	量	máo	11	五	便宜	形	piányi	11	二
没	副	méi	10	一	票	名	piào	12	二
没关系		méi guānxi	3	一	漂亮	形	piàoliang	7	一
没有	动	méiyǒu	8	一	苹果	名	píngguǒ	11	一
每	代	měi	13	二	七	数	qī	7	一
妹妹	名	mèimei	8	二	妻子	名	qīzǐ	8	二
们		men	1	基础	起床	动	qǐ chuáng	12	二
米	量	mǐ	14	三	千	数	qiān	7	二
面条儿	名	miàntiáor	11	三	钱	名	qián	11	一
明天	名	míngtiān	4	一	请	动	qǐng	3	一
明年	名	míngnián	7	基础	请问		qǐng wèn	5	基础

续表

汉字	词性	拼音	课序	级别	汉字	词性	拼音	课序	级别
去	动	qù	4	一	宿舍	名	sùshè	13	五
去年	名	qùnián	7	二	岁	量	suì	7	一
热	形	rè	15	一	他	代	tā	2	一
人	名	rén	6	一	她	代	tā	2	一
日	名	rì	12	一	它	代	tā	8	二
商店	名	shāngdiàn	14	一	踢足球		tī zúqiú	15	二
上	名	shàng	12	一	题	名	tí	5	二
上课		shàng kè	3	基础	天	名	tiān	4	基础
上午	名	shàngwǔ	10	一	天气	名	tiānqì	15	一
少	形	shǎo	11	一	跳舞	离	tiào wǔ	15	二
身体	名	shēntǐ	7	二	听	动	tīng	3	一
什么	代	shénme	5	一	同学	名	tóngxué	3	一
生病		shēng bìng	11	二	外边	名	wàibian	13	基础
生日	名	shēngrì	16	二	玩(儿)	动	wán(r)	9	二
十	数	shí	7	一	晚上	名	wǎnshang	10	二
时候	名	shíhou	10	一	万	数	wàn	7	三
时间	名	shíjiān	9	二	往	介	wǎng	14	四
食堂	名	shítáng	4	基础	为什么	代	wèi shénme	9	二
是	动	shì	5	一	我	代	wǒ	2	一
手表	名	shǒubiǎo	16	二	我们	代	wǒmen	6	一
手机	名	shǒujī	12	二	西边	名	xībian	14	三
书	名	shū	9	一	西瓜	名	xīguā	11	二
谁	代	shuí/shéi	5	一	喜欢	动	xǐhuān	9	一
水	名	shuǐ	15	一	希望	动	xīwàng	16	二
水果	名	shuǐguǒ	11	一	下	名	xià	13	一
睡觉	动	shuìjiào	9	一	下课		xià kè	3	基础
说	动	shuō	3	一	下午	名	xiàwǔ	10	一
送	动	sòng	16	二	先生	名	xiānsheng	5	一

续表

汉字	词性	拼音	课序	级别	汉字	词性	拼音	课序	级别
现在	名	xiànzài	10	一	游泳	动	yóuyǒng	15	二
香蕉	名	xiāngjiāo	11	一	有	动	yǒu	8	一
想	动	xiǎng	16	一	有名	形	yǒumíng	16	三
小	形	xiǎo	7	一	有意思	形	yǒu yìsi	15	基础
小姐	名	xiǎojiě	12	一	右边	名	yòubian	13	二
写	动	xiě	3	一	鱼	名	yú	15	二
谢谢	动	xièxie	3	一	元	量	yuán	11	二
新	形	xīn	10	二	远	形	yuǎn	13	二
星期	名	xīngqī	4	一	月	名	yuè	12	一
星期天	名	xīngqītiān	4	基础	运动	动	yùndòng	15	二
星期日	名	xīngqīrì	4	基础	再见	动	zàijiàn	3	一
姓	名	xìng	5	二	早	形	zǎo	12	基础
学生	名	xuésheng	6	一	早上	名	zǎoshang	9	二
学习	动	xuéxí	4	一	怎么	代	zěnme	5	一
学校	名	xuéxiào	13	一	张	量	zhāng	12	二
羊肉	名	yángròu	15	二	照片	名	zhàopiàn	12	三
要	动	yào	11	二	这	代	zhè	7	一
药	名	yào	11	二	这儿	代	zhèr	13	一
也	副	yě	6	二	真	副／形	zhēn	7	二
衣服	名	yīfu	16	一	知道	动	zhīdào	9	二
医生	名	yīshēng	8	一	中国	名	Zhōngguó	5	一
医院	名	yīyuàn	14	一	中文	名	Zhōngwén	5	四
一共	副	yígòng	11	三	中午	名	zhōngwǔ	10	一
一下		yíxià	12	基础	周	名	zhōu	16	基础
以后	名	yǐhòu	15	三	周围	名	zhōuwéi	14	四
一点儿		yìdiǎnr	11	基础	住	动	zhù	13	一
一些		yìxiē	11	基础	注意	动	zhùyì	5	三
银行	名	yínháng	14	三	字	名	zì	9	一

续表

汉字	词性	拼音	课序	级别	汉字	词性	拼音	课序	级别
走	动	zǒu	9	二	坐	动	zuò	3	一
最	副	zuì	15	二	座	量	zuò	14	四
昨天	名	zuótiān	4	一	做	动	zuò	9	一
左边	名	zuǒbian	13	二	作业	名	zuòyè	10	三

说明：表中的阿拉伯数字表示该词所在课的序号，中文数字表示该词在新 HSK（汉语水平考试）词汇表中的级别，“基础”表示该词虽不属于 HSK 词语但属于中国政府奖学金预科汉语基础词汇表中的词语。